Werner Loos

Gott ist nicht allein

Wie sich das Übel auflöst

Eine praktische und philosophische Betrachtung

Bibliografische Information der Deutschen Nationalbibliothek: Die Deutsche Nationalbibliothek verzeichnet diese Publikation in der Deutschen Nationalbibliografie; detaillierte bibliografische Daten sind im Internet über dnb.dnb.de abrufbar.

Lektorat und Korrektorat:

Ursula Dimper, Margrit Wilhelmine Neidhardt

Verlag: BoD • Books on Demand GmbH, In de Tarpen 42, 22848 Norderstedt

Druck: Libri Plureos GmbH, Friedensallee 273, 22763 Hamburg

ISBN: 978-3-7597-9387-4

Was ist los mit den Menschen in der Welt?

Unser aktuelles Leben steuert aufgrund unserer schlechten Verhaltensweisen auf eine katastrophale Zukunft zu. Die Umwelt wird immer weiter geschädigt und zerstört und dies scheint unaufhaltsam zu sein. Alle Mahnungen von Wissenschaftlern und die Proteste vieler Menschen brachten keine wesentliche Verbesserung im Verhalten der entscheidenden Verursacher. Warum geschieht das alles? Warum gibt es Leid, Trauer, Schmerz, aber auch Liebe in unserer Welt? Gibt es einen Gott und kann und will er uns helfen oder nicht? Welchen Sinn hat die Tragik unseres Lebens?

"Ein Blick in die Welt beweist, dass Horror nichts anderes ist als Realität."

(Alfred Hitchcock)

Die Fragen zu all diesen Themen beschäftigen mich bereits seit langer Zeit. Nun habe ich in diesem Buch meine Erkenntnisse zusammengefasst und niedergeschrieben.

Mein Buch taucht ein in die Welt des scheinbar Unbegreifbaren. Es enthält Erklärungen und Antworten, die noch nie zuvor niedergeschrieben wurden. Es werden die Gründe für unsere Existenz und für unser Verhalten erklärt und es wird dargelegt, wie am Ende alles ausgehen wird.

Dem Leser wird die Möglichkeit geboten, die Erkenntnisse und Antworten in meinem Buch mit eigenen Lebenserfahrungen nachzuvollziehen und den Sinn seines Lebens zu verstehen.

Besonders danke ich meinen Lektorinnen und Testleserinnen Ursula Dimper und Margrit Wilhelmine Neidhardt.
Durch ihre Expertise ist mein Buch in vorliegender Form erst möglich geworden.

München, den 06.09.2024

Inhaltsverzeichnis

Vorwort

Der Zustand meiner Mutter verschlechterte sich von Tag zu Tag. Sie hat maximal noch 5 Monate zu leben, ihr Bauchspeicheldrüsenkrebs ist nicht mehr heilbar, sagten die Ärzte. Manchmal, bei meinen häufigen Besuchen, schien es mir, als ob sie erleichtert wäre, dass es zu Ende ging. Sie sprach dies nicht aus, aber ich merkte es ihr an. Ihr Leben bestand schon seit vielen Jahren aus Schmerzen in den operierten Hüftgelenken, das Gehen fiel ihr schwer und sie lebte in ständigem Stress mit ihrem Mann, meinem Vater. Und jetzt auch noch dieser Krebs. Ich konnte verstehen, dass meine Mutter „gehen" wollte. Zusammen mit den Familienmitgliedern stand ich oft an ihrem Bett im Krankenhaus. Als sie starb, richtete sie ihren Körper trotz ihrer Gebrechen auf und blickte mit weit aufgerissenen Augen ins Leere, um dann nach wenigen Sekunden ins Bett zurück zu fallen. Dann schloss ich ihre Augen. Zwei Jahre später starb mein Vater an den Folgen eines Herzinfarktes, was mir, trotz allem, wie er mit meiner Mutter umgegangen war, sehr leidgetan hat. Erst viele Jahre später stellte ich zurückblickend fest, dass der Tod meiner Eltern eine Art Wendemarke in meiner seelischen Verfassung eingeleitet hat. Ich befasste mich viel mit Philosophie und ihren Erklärungen der Welt, des menschlichen Seins und der Existenz Gottes. Nach jahrelanger Beschäftigung mit den oben genannten Themen und den vielen unterschiedlichen Aussagen bildete sich offenbar in meinem Geist eine neue Gewissheit über die Ursachen und die Konsequenzen weltlicher Existenzen.

Bei den Recherchen für mein Buch ist mir aufgefallen, dass die wissenschaftlichen Erläuterungen zu Themen wie Leben, Leid, Liebe, Tod und anderen stets beschreibender Natur sind. Jedenfalls wurden die Ursachen für deren Existenz für mich nicht schlüssig dargelegt.

Seit Jahrhunderten wird schon versucht, die Welt und ihr Sein mit Logik und Wissenschaft zu erklären. Fragen, was der menschliche Geist ist, wie sein Bewusstsein und seine Gedanken zu erklären sind, können von den Naturwissenschaften nicht beantwortet werden. Auch die kirchlichen Vertreter haben keine für mich schlüssigen Erkenntnisse darüber, warum es die Welt und das Leid gibt. Sie geben an, dass es deshalb umso wichtiger sei, an Gott zu glauben.

Es gibt sowohl Befürworter bestimmter Thesen über die Existenz des Seins, als auch Gegner dieser Thesen. Wem soll man sich anschließen? Ich kritisiere diesen Sachverhalt keineswegs. Er kann als schlecht oder gut betrachtet werden. Wie ich später in diesem Buch noch beschreibe, ist es jedoch genau richtig so. Viele Menschen fragen sich, ob Gott etwas tut gegen die zu erwartenden Krisen, die möglicherweise katastrophal enden werden und ob er uns helfen wird. Oder ob es keinen Gott gibt und alles unausweichlich ist. Oder ob es einen Gott gibt, der uns aber nicht helfen kann oder will.

Mit der zunehmenden Verschlechterung der Lebensbedingungen auf unserem Planeten werden immer mehr Menschen auf die damit verbundenen Gefahren für ihr eigenes Lebens aufmerksam. Zur Bewahrung der Schöpfung wünschen sie sich Veränderungen der bestehenden Systeme und Veränderungen im Verhalten derjenigen Menschen, die sie verantwortlich machen für die zu erwartenden Katastrophen. Demgegenüber stehen jene Gruppen, die den eigenen Wohlstand verteidigen wollen.

In der Gegenwart fehlen Antworten auf die Fragen, welchen Sinn das menschliche Handeln und das menschliche Leid haben, ob Aussicht auf Verbesserung besteht oder ob wir alle verloren sind. Es gibt Menschen, die sich vorstellen, dass alles Handeln determiniert ist. Lebewesen werden in die Welt geboren, leiden und lieben bis sie sterben. Danach beginnt das gleiche von vorne. Das wäre verkürzt gesagt alles. Bei dieser Vorstellung braucht es keine Fragestellungen, denn es ist ja alles bestimmt. Die Frage nach Gott wird nicht beantwortet. Sie kann auch nicht beantwortet werden wie ich im Verlauf des Buches noch erläutere. Einerseits wird bestritten, dass es Gott gibt, andererseits wird an einen Gott geglaubt, dessen Existenz jedoch nicht beweisbar ist. Wenn an einen Gott geglaubt wird, dann ist damit für viele Menschen Hoffnung auf Beendigung des Leides verbunden. Interessant sind die konträren Thesen, dass es einerseits einen Schöpfer geben muss, der alles erschaffen hat und dass andererseits alles durch Zufall entstanden ist.

In meiner ersten Untersuchung geht es zunächst um das Motiv, warum ich Verschiedenes wissen möchte und danach frage. Nicht im Sinne einer Frage, die ich zum Erfüllen einer Handlung oder Funktion benötige. Es geht um Fragen, die ich lediglich stelle, weil ich etwas nicht weiß und es wissen möchte. Es ist die Neugier, eine Charaktereigenschaft, die in meinem Unterbewusstsein vorhanden sein muss und sich in meinem Verhalten äußert. Ich bin nicht zufrieden mit dieser Erkenntnis, dass ich mich unbewusst verhalte, muss es aber akzeptieren. Was ist Unbewusstheit und welchen Einfluss hat sie auf mich?

Die Menschheit (und mit ihr auch die Natur) befindet sich in einer Zeitenwende, an deren Ende die Auflösung nicht aller, jedoch vieler Lebensformen stehen wird. Es werden nicht alle Lebewesen sterben und unser Planet wird auch nicht gänzlich lebensfeindlich werden. Es wird jedoch so etwas wie einen Neuanfang geben, mit weniger stark ausgeprägten schlechten Charaktereigenschaften, die zu erleben sind. In meinem Buch erkläre und beschreibe ich die Gründe, die zu dieser Entwicklung führten und führen. Es kann deutlich erkannt werden, dass wir Menschen es sind, die die üblen Charaktereigenschaften und die Liebe im weltlichen Sein umsetzen. Wir werden dies solange ausführen und erleben, bis sich alles Sein unausweichlich aufgelöst hat. Das ist der Grund, warum wir und die Welt geschaffen wurden. Die in der Unbewusstheit befindlichen Charaktereigenschaften des Übels und der Liebe bringen alles Leid und alle Liebe in das weltliche Sein. Gott selbst ist es, der in allen Lebewesen existiert und er ist daher nicht Beobachter, sondern Veranlasser und Beteiligter. Mit meinen gewonnenen Erkenntnissen kann ich all das, was auf unserem

Planeten geschieht, verstehen. Es erschließen sich mir damit auch alle Antworten auf die Fragen, die sich mir im Verlauf der Entstehung dieses Buches gestellt haben. Wie ich zu meinen Erkenntnissen gekommen bin, warum ich von meinen Schlussfolgerungen überzeugt bin und wie bei der intensiven Befassung mit den Themen neue Fragen und Antworten hinzugekommen sind, beschreibe ich in diesem Buch.

Wie alles im Leben, geschieht nichts ohne Grund. Ich schreibe dieses Buch nicht nur für mich oder wegen mir. Es kann auch anderen Menschen helfen, die Gründe für das eigene Verhalten zu erkennen. Wenn Leser sich auf den Inhalt einlassen können, dann werden sie eventuell verstehen, warum es Leid und Liebe gibt und worauf das Leben hinausläuft. Dadurch können sie möglicherweise die Angst vor der Zukunft verlieren oder zumindest reduzieren und mit weniger Leid und mit mehr Bewusstsein leben.

*„Wer ein **Warum** zum Leben hat, erträgt fast jedes Wie."*
(Friedrich Nietzsche)

Begriffserklärung:

In meinem Buch verstehe ich unter **Übel** das **Böse**. Ich weiß, dass mit Übel auch Ereignisse genannt werden können, die unbeeinflusst durch Menschen geschehen, z.B. Erdbeben, Tsunami, Dürren. Ich bin der Meinung, dass der Begriff „das Böse" häufig nur auf schwerwiegende Taten bezogen wird. Weniger schwerwiegende Handlungen, wie Neugier oder Trägheit des Geistes werden meistens nicht dem Bösen zugeordnet.

Besonders weise ich darauf hin, dass es sich bei meinen Ausführungen lediglich um mein Verständnis von Gott und der Welt handelt. Ich will niemanden kritisieren, strebe keine negative Einflussnahme auf andere Menschen oder Verhältnisse an und ich erhebe nicht den Anspruch, eine wissenschaftliche Arbeit verfasst zu haben.

Die Texte anderer Autoren, die zitiert wurden, sind kursiv geschrieben, während meine eigenen Darstellungen in Normalschrift verfasst wurden.

Kapitel 1

Die Entwicklung meiner Theorien erfordert eine genaue Betrachtung relevanter Themen. Dabei ist mein Verständnis für das menschliche und weltliche Sein stark gewachsen. Schließlich sind viele meiner Einsichten daraus hervorgegangen.

„Was machst du, damit die Welt ein bisschen friedlicher und schöner wird? – Ich nehme meine Medikamente".

(Autor unbekannt)

Körper und Geist

Der Körper

Körper sind zeitlich und räumlich begrenzte Systeme, die materiell unterschiedlich sind. Ein lebender menschlicher Körper ist ein sich selbst regelndes und sich selbst erneuerndes System mit unterschiedlichen Lebenszyklen. Unter anderem regelt er seine Temperatur selbst, sorgt dafür, dass sein Blut nicht sauer wird, führt Heilungsprozesse selbständig durch und wandelt zugeführte Nahrung in Energie um. Diese speziellen Vorgänge werden nicht durch das menschliche Bewusstsein oder einen menschlichen Geist gesteuert, sondern sind vordefinierte und selbständig ablaufende Lebensfunktionen, die offensichtlich vom Gehirn geregelt werden. Betrachte ich den menschlichen Körper nur für sich alleine, ohne Geist, Bewusstsein und Unbewusstsein, fällt mir auf, dass er eine Nahrungs- und Energiezufuhr selbst nicht leisten kann, er würde sich von sich aus nicht bewegen. Alle Bewegungen zur

Nahrungszufuhr müssen von außen, also von etwas außerhalb des materiellen Körpers sich Befindende veranlasst werden. Die erforderlichen Bewegungen der Muskeln, Sehnen, Knochen für das Besorgen, Zubereiten und in den Mund führen von Nahrung, das Kauen und Schlucken werden vom menschlichen Geist über das Gehirn veranlasst. Der menschliche Geist bewegt dabei nicht jeden einzelnen Muskel, jedes Gelenk, jede Sehne oder gar jede Zelle. Um eine Tasse Kaffee zu ergreifen, wäre mein Geist dabei völlig überfordert, denn er müsste dazu jedes notwendige noch so kleine oder große Körperteil bewusst bewegen. Auch müsste er ständig kontrollieren, ob sich seine Körperteile zielorientiert bewegen und sie gegebenenfalls ändern. Dazu müsste er die entsprechenden Signale der körperlichen Sinne innerhalb kürzester Zeit ständig abfragen, deren Meldungen hinsichtlich der Zielkonformität prüfen und sie bestätigen oder korrigieren. Dies alles erledigt das Gehirn, es kann das besser, als mein menschlicher Geist es jemals könnte. Dazu wurde das menschliche Gehirn gebildet und es entwickelt sich entsprechend der noch kommenden Aufgaben weiter. Wie sich das Gehirn entwickelt, kann bei einem Kleinkind beobachtet werden. Der Körper eines Säuglings muss von seinen Eltern ernährt und gepflegt werden, sonst stirbt dieser Körper. Der menschliche Geist und das Gehirn des Säuglings können dies nicht selbst veranlassen, sie haben die entsprechende Entwicklungsstufe noch nicht erreicht. Erst mit ausreichendem Wachstum ist dieser Mensch in der Lage, sich selbst zu versorgen. Bei Menschen hohen Alters zeigt sich eine Verschlechterung der körperlichen Verfassung und die Fähigkeiten, ihren Körper bewegen zu können, nehmen ab.

„Wenn Du älter wirst, verändern sich drei Dinge. Erstens, Dein Gedächtnis leidet. Und die anderen beiden fallen mir gerade nicht ein".

(Sir Norman Wisdom)

Ähnlich wie beim Kleinkind, werden alte Menschen von anderen Menschen mit Nahrung versorgt und bei der Bewegung unterstützt, wobei die geistigen Fähigkeiten, anders als beim Kleinkind, noch hoch sein können. Jeder menschliche Körper kann zwar als ein selbständig funktionierendes, grundsätzlich lebensfähiges System betrachtet werden, er benötigt jedoch etwas, das ihn bewegt und ihn am Leben erhält.

Menschlicher Geist

Der menschliche Geist ist eine weltliche geistige Instanz, die mit dem weltlichen physischen Körper verbunden ist. Diesen weltlichen menschlichen Geist verstehe ich als Gedanken oder als Bewusstsein (wird später beschrieben). Das bedeutet, dass mein weltlicher menschlicher Geist, nämlich ich selbst, aus meinen Gedanken besteht. Meine Gedanken entstehen aus den Informationen, die sich in meinem Gehirn befinden. Sie sind Informationen, die von einer motivbehafteten unbewussten geistigen Sphäre und von meinen Sinneswahrnehmungen in mein Gehirn transferiert wurden. Die gesendeten Informationen bilden entsprechende Muster und Anordnungen von Zellen in meinem Gehirn. Diese Zellmuster werden von meinem menschlichen Geist als Gedanken aufgenommen und interpretiert. Auf Anweisung meines Geistes setzt mein Gehirn meine Gedanken, entsprechend ihrer Inhalte, in körperliche Aktivitäten um. Die Empfindungen der menschlichen Sinne scheinen vom menschlichen Geist an der Körperstelle wahrgenommen zu werden, an der sie empfangen wurden oder entstanden sind. Ein Duft wird von den Rezeptoren in der Nase wahrgenommen, ein Geschmack auf der Zunge, ein Geräusch im Ohr usw. Doch das scheint mir nur vordergründig so zu sein. Die übliche Umgebung des Menschen ist voller Signale für all seine Sinne. So kann vom Gehör jedes Geräusch, das in entsprechender Lautstärke und Frequenz vorliegt, aufgenommen werden, denn dies ist seine Funktion. Die Geräusche werden anschließend als Signale über Nervenbahnen ans Gehirn weitergeleitet. Analog dazu geschieht das Gleiche beim Auge, bei der Nase, bei der Zunge usw. Die jeweiligen Signale werden ans Gehirn weitergeleitet. Das Gehirn ist der zentrale Anlauf-, Sammel- und Aufbewahrungsort aller sinnlichen Signale des menschlichen Körpers. Wenn der menschliche Geist auf die, im Gehirn vorliegenden sinnlich empfangenen Signale zugreift, dann erkennt er, von welchen Sinnesorganen oder Körperstellen das jeweilige Signal stammt und kann beispielsweise das Ausweichen vor einer Gefahr veranlassen. Somit muss im Gehirn auch eine Zuordnung der Signale zur ursprünglichen Empfangsstelle des Körpers vorliegen. Denn sonst könnte der menschliche Geist nicht einordnen, welche Signale von Ohr, Auge, Mund oder Finger usw. kommen. Das bedeutet, dass im Gehirn gewissermaßen Platzhalter der ursprünglichen körperlichen Empfangsstellen vorliegen müssen. Also Platzhalter für akustische, optische und alle anderen Sinnes-Empfangsstellen.

Den Begriff Platzhalter verwende ich für eine entsprechende spezielle Anordnung der beteiligten Gehirnzellen, ein dem Informationsgehalt entsprechend angelegtes Muster im gehirnlichen Areal. Somit lässt sich schließen, dass der menschliche Geist nicht direkt auf die tatsächlichen sinnlichen Empfangsstellen wie Auge, Ohren, Zunge usw. zugreift, sondern auf deren Platzhalter im Gehirn. Daher müsste jedes sensorische Signal erst nach dem Transport zum Platzhalter im Gehirn vom menschlichen Geist wahrnehmbar sein und nicht direkt an der körperlichen Empfangsstelle. Wenn dies zutrifft, dann kann auch ein körperlicher Schmerz nicht direkt an der körperlichen Entstehungsstelle vom menschlichen Geist wahrgenommen werden, sondern ebenfalls nur am entsprechenden Platzhalter im Gehirn.

Beispiel:

Wenn ich mich mit der Hand an der Tischkante leicht verletze, dann nehme ich den Schmerz sofort wahr, das heißt nach der Transportzeit über Nervenbahnen in mein Gehirn. Bin ich jedoch in einer gefährlichen Situation, z.B. wenn es im Zimmer brennt und ich schnell flüchten muss, dann werde ich sehr wahrscheinlich keinen Schmerz verspüren, wenn ich mich beim Hinauslaufen aus dem Zimmer mit meiner Hand an der Tischkante verletze, diese Wahrnehmung folgt erst später. Daraus leite ich ab, dass der Körper für sich genommen keine Schmerzen empfinden kann, sondern der Schmerz eine Interpretation seines menschlichen Geistes ist. Er entsteht erst mit dem Wahrnehmen der im Gehirn befindlichen Informationen durch den Geist. Alles, was meine körperlichen Sinne von ihrer Umgebung aufnehmen können, wird in mein

Gehirn transportiert und gespeichert. Doch eine Wahrnehmung und eine Interpretation der im Gehirn vorliegenden biochemischen und elektromagnetischen Informationen erfolgt nicht durch das Gehirn selbst, sondern durch den menschlichen Geist. Wenn dem Gehirn unterstellt werden würde, es selbst wäre der Ort, an dem die Bilder, die Gerüche, die Geräusche usw. vorliegen, dann wäre theoretisch vorstellbar, dass beim Sezieren oder einem Scan des Gehirns die jeweiligen Informationen als Bilder, Gerüche oder Geräusche gefunden werden könnten. Doch wurde die Wissenschaft bisher nicht fündig. Die im Gehirn vorliegenden Informationen werden vom menschlichen Geist erfasst und interpretiert.

Die von meinem menschlichen Geist interpretierten Informationen sind meine eigenen individuellen Gedanken und nur mir zugänglich und nicht einem anderen menschlichen Geist. Somit hat jeder Mensch seinen eigenen individuellen menschlichen Geist, der sich durch weltliche Präsenz in jedem Menschen vom göttlichen allumfassenden Geist unterscheiden lässt und dennoch Teil von ihm ist.

Das Gehirn besteht aus unterschiedlicher Materie. Materie, gleich welcher Art, kann keine geistigen Vorstellungen haben oder Bewusstsein erzeugen, sie ist materiell. Was im gehirnlichen Gedächtnis gespeichert ist, sind spezielle Anordnungen von Zellen, die für bestimmte Informationsgehalte stehen, etwa für ein Bild, ein gesprochenes Wort oder für einen Geruch. Das Gehirn stellt jeden Informationsgehalt, den es über die Sinnesorgane erhalten hat (optisch, akustisch, geschmacklich, geruchlich oder sensorisch), als spezifisch zuordenbares Zellmuster dar. Dieses Zellmuster wird vom menschlichen Geist erkannt. Der menschliche Geist interpretiert das Zellmuster und erstellt damit seine Vorstellungen von der körperlichen materiellen Welt, in der er lebt.

Kapitel 2

Meine Erkenntnisse haben sich über die Jahre hinweg in kleinen, teilweise mühsamen Schritten gebildet. Ständig musste ich mich mit den eingangs erwähnten Fragestellungen beschäftigen, sie ließen mich nicht mehr los. Hinzu kam die Auseinandersetzung mit den unterschiedlichen, teils gegensätzlichen Auffassungen und Begründungen verschiedener Philosophen, Theologen und Wissenschaftler. Ihre Ausführungen lieferten mir nur unzureichende Antworten. Und bei aller Ausführlichkeit ihrer Erklärungen schienen sie mir dennoch nicht zu den wesentlichen Fragen über Gott und die Welt vorzudringen. Mein persönliches Erleben und mein eigenes Handeln konnte ich damit nicht ausreichend erklären und begründen. Daraus ergab sich für mich die Notwendigkeit, bis ins kleinste Detail gedanklich vorzudringen, um für mich selbst alle Fragen schlüssig beantworten zu können. Diese Antworten sollten auch im Alltagsleben und im Umgang mit anderen Menschen bestätigt werden können.

Grundsatzüberlegungen und Antworten

Gibt es einen Gott?

"Das Wort Gott ist für mich nichts als Ausdruck und Produkt menschlicher Schwächen, die Bibel eine Sammlung ehrwürdiger, aber doch recht primitiver Legenden."
(Albert Einstein)

Der Urknalltheorie *(Georges Lemaître)* zufolge muss das Universum einen Anfang gehabt haben. Von der Naturwissenschaft wird beobachtet, dass es sich ausdehnt und alles, was sich ausdehnt, muss einen Anfang gehabt haben. Es muss irgendwann entstanden sein. Die Frage nach dem, was vor dem Urknall war, lässt sich nicht beantworten, denn es gibt keine Existenz, die auf etwas vor dem Urknall hinweist. Durch Zufall kann das Universum und das Leben daher nicht entstanden sein. Es war nichts vorhanden, wodurch eine solch komplexe Welt und das Leben zufällig hätte entstehen können. Ich nehme es daher als sehr wahrscheinlich an, dass die Welt und das Leben von einem Schöpfer geschaffen wurde und nicht durch Zufall entstanden ist.

Beweise für die Existenz Gottes haben sich bisher nicht finden lassen. Sie können auch nicht gefunden werden, nicht im Sinne einer weltlichen Existenz, Gott ist schließlich nicht materiell. Jedoch ist die Annahme, dass es einen Gott, einen Schöpfer dieser weltlichen Existenz und allen Seins gibt, gut begründet.

Dazu gibt es auf *YouTube* einige Ausführungen.

Zufall

Von Zufall spricht man dann, wenn für ein einzelnes Ereignis oder das Zusammentreffen von mehreren Ereignissen keine kausale Erklärung gegeben werden kann. Als kausale Erklärungen für Ereignisse kommen in erster Linie allgemeine Gesetzmäßigkeiten oder Absichten handelnder Personen in Frage. Die Erklärung „Zufall" ist also gerade der Verzicht auf eine kausale Erklärung.

(Quelle: Wikipedia)

Wenn für ein Ereignis keine kausale Erklärung (durch den Menschen) gegeben werden kann, dann muss das nicht zwangsläufig heißen, dass es dafür keine Ursache gibt. Die Unerklärbarkeit beruht auf fehlenden Informationen über die Ursache und über die Bedingungen des Ereignisses und auf fehlendem menschliches Verständnis. Grundsätzlich kann es ein Ereignis ohne Ursache nicht geben. Voraussetzung ist dabei, dass etwas vorhanden sein muss, aus dem heraus ein Ereignis stattfinden kann. Wenn ein bestimmtes Ereignis geschieht, dann setzt das auch bestimmte Bedingungen voraus, ohne die ein solches Ereignis nicht eintreten kann. Wenn von Zufall gesprochen wird, zeigt es lediglich die menschliche geistige Begrenztheit, die bestimmte Ereignisse und Verhältnisse nicht erklären kann. Bei einem Würfelspiel beispielsweise wird angenommen, dass mit einem Würfel, der die Zahlen 1-6 hat, nicht vorhergesagt werden kann, welche Zahl beim Würfeln fällt. Wird nun eine Zahl vorhergesagt, die dann tatsächlich gewürfelt wird, spricht man von Zufall. Es kann dabei nicht erklärt werden, wie es zu dieser gewürfelten Zahl gekommen ist. Dennoch müssen Bedingungen vorhanden gewesen sein, die genau zu dieser gewürfelten Zahl geführt haben, sonst wäre es nicht zu dieser Zahl gekommen, sondern zu einer anderen. Bedingungen für eine gewürfelte Zahl liegen in der Form und Beschaffenheit des Würfels, in der Umgebung, in der werfenden Hand und in weiteren Begleitumständen vor. Unter diesen einmalig gegebenen, weil sich ständig verändernden Konstellationen und Bedingungen ist nur dieses eine Ergebnis möglich gewesen. Solche komplexen Zusammenhänge können nicht vom menschlichen Geist erfasst werden, weil kein Mensch ein allumfassendes Wissen besitzen kann. Die Bedingungen selbst können nicht bestehen bleiben, weil sich die Verhältnisse ständig verändern und es nichts Bleibendes geben kann. Somit können alle vergangenen Ereignisse beim Nachvollziehen, Wiederholen oder Verstehen wollen, nur aus einer theoretischen Vergangenheit, aus einem gedanklichen Konstrukt betrachtet werden. Es kann nicht mehr nachvollzogen werden, welche Bedingungen zum Zeitpunkt des Würfelns vorhanden waren, weil sie dem Menschen nicht vollumfänglich bekannt waren. Danach haben sie sich unwiederbringlich verändert. Bedingungen solcher Ereignisse lassen sich weder vollständig erfassen noch vollständig rekonstruieren. Wissenschaftlich gesehen sind allenfalls Näherungsweisen für einen kleinen Ausschnitt von Bedingungen wiederholbar. Zufall ist also das Wort für Ereignisse, Verhältnisse und Bedingungen, deren gesamte Erfassung dem Menschen nicht möglich ist. Sie müssen jedoch vorhanden sein, damit etwas aus „Zufall" geschehen kann.

Wenn also angenommen wird, dass unsere Welt und das Leben durch Zufall entstanden sind, muss etwas vorhanden gewesen sein, das einen solchen Zufall ermöglicht hat. Die Frage, die sich dann stellt, ist, woher die Verhältnisse und Bedingungen für diesen Zufall kommen - eine naturwissenschaftlich unlösbare und unbeantwortbare Frage.

Dualität

Der religiöse Dualismus ist eine Weltanschauung, die im ersten Jahrtausend vor Christus entstanden ist. Man findet ihn in Ostasien und Südasien genauso wie in Vorderasien und im Abendland. In der dualistischen Weltsicht besteht die Wirklichkeit aus zwei Sphären, die einander absolut entgegengesetzt sind. Dabei werden nicht nur zwei Welten, sondern auch zwei ewige Gottheiten als Schöpfer unterschieden, die diese Welten hervorgebracht haben. Einer unsichtbaren, geistigen Welt steht die sichtbare, materielle Welt gegenüber. Häufig wird auch eine Welt des Lichts von einer Welt der Finsternis unterschieden. Die unsichtbare geistige Welt ist die Schöpfung eines guten Gottes, während die materielle Welt auf das Wirken eines bösen Gottes zurückgeht.

(Quelle Wikipedia)

Ich bin der Meinung, dass es zwei Gottheiten, die sich ebenbürtig sind, nicht geben kann. Solche zwei Gottheiten würden ihre Aktivitäten ständig darauf auslegen, die Oberhand über den anderen zu gewinnen. Zwei ebenbürtige Götter werfen zudem die unlösbare Frage nach deren Herkunft und die Frage wiederum nach deren Schöpfer auf, was dann unendlich so weiter gefragt werden könnte. Die Aussage des religiösen Dualismus, dass es zwei gleichwertige Gottheiten gibt, postuliert zwar auch das Vorhandensein des Übels, es jedoch einem Gott gleichzusetzen, halte ich nicht für schlüssig. Meine Erkenntnis ist, dass das Übel in Gott selbst vorhanden sein muss. Es kann sich nicht außerhalb von ihm befinden, sonst ließen sich keine Erklärungen der weltlichen Existenzen entwickeln.

Nachfolgend soll die Frage geklärt werden, warum Gott das Leben, die Welt und den Menschen erschaffen haben soll.

Wenn es einen Schöpfer, genannt Gott, gibt, kann nichts von ihm getrennt bzw. außerhalb von ihm sein, denn das würde wieder einen Kreislauf von Herkunftsfragen erzeugen. Wobei sich die Vorstellung von innerhalb oder außerhalb Gottes nicht aus dem materiellen weltlichen Sein heraus erklären lässt. Niemand im weltlichen Sein kann Gott erkennen und ihn beschreiben, noch gibt es Beschreibungen von einem Ort, an dem sich Gott befinden sollte. Es kann keinen Raum geben, in dem sich der Schöpfer aufhält. Wer hätte diesen Raum erschaffen sollen? Wenn es keinen Raum gibt, in dem der Schöpfer sich aufhält, dann kann es nur einen Raum innerhalb des Schöpfers geben. Nur innerhalb des Schöpfers lässt sich somit eine Schöpfung bilden. Wenn dies so zutrifft, dass sich nichts außerhalb des Schöpfers befindet, dann ist das, was in mir ist, auch in Gott vorhanden, bzw. erst in Gott und dann in mir, weil von ihm in meinen weltlichen Geist transferiert.

Wenn ich also lache, muss das Motiv dazu zuerst in Gott vorhanden sein, danach erscheint es in meinen Gedanken. Gott selbst wird nicht lachen können, denn es gibt nichts, worin er sich äußern könnte. Durch meinen Körper jedoch, kann das Lachen im weltlichen Sein geäußert werden. Das bedeutet, meine seelische innere Verfasstheit ist ein Spiegelbild des göttlichen Inneren, bzw. Teil davon. Nun erfahre ich in meinem Leben genau das, was in mir ist. Ich erlebe Teile der 7 schlechten Charaktereigenschaften und Teile der Liebe. Wenn ich meine Vergangenheit betrachte, kann ich das in meinen damaligen Handlungen auch erkennen. Da ich von Gott geschaffen wurde und er mich lebendig gemacht hat, müssen diese Charaktereigenschaften, von denen ich glaube, dass sie meine sind, zuerst in Gott vorhanden sein, sonst könnte ich diese nicht in mir tragen und erleben.

An dieser Position wage ich eine Vorstellung, ohne dass ich als überheblich oder gar größenwahnsinnig erscheinen möchte, nämlich zu versuchen, die Perspektive Gottes einzunehmen. Aus seiner (meiner) Perspektive ist das Übel in ihm. Die schlechten Charaktereigenschaften des Übels können sich in Gott selbst nicht ausleben, sie haben keine Möglichkeit dazu. Was also kann er tun? Die Lösung ist, er entwickelt eine Schöpfung, in der sich das Übel erleben und ausleben kann und das ist genau unsere Welt. Diese Schöpfung entwickelt Gott nicht aus einer schlechten Charaktereigenschaft heraus, sondern aufgrund seiner bedingungslosen Liebe. Sein Motiv ist, dem Übel sein Erleben zu ermöglichen und nicht das Übel aufzulösen.

Das Auflösen des Übels ist eine Konsequenz seines Erlebens und nicht eine Absicht der Liebe Gottes.

Wie kann Gott die Welt oder überhaupt etwas erschaffen haben? Etwas Ewiges, Bleibendes zu erschaffen, ist nicht möglich. Denn es gäbe einen Anfang des zu Erschaffenden, etwas, das vorher nicht da war. Kann etwas Singuläres erschaffen werden? Auch das ist nicht möglich, denn woraus kann es gebildet werden, wenn nichts vorhanden ist? Wenn also etwas erschaffen werden kann, dann nur etwas Duales, das Eine und sein Gegenteil, etwas, das sich in Summe aufhebt und auflöst. Diese Kombination der erschaffenen Dualität ist damit in Wahrheit nicht existent als etwas bleibendes Erschaffenes sondern als etwas Vergehendes, welches in sich das Auflösen bereits beinhaltet. Die Dualität ist also die Basis für ein Entwickeln des Lebens. Da das Übel bereits in Gott vorhanden sein muss, braucht es eine Welt, in der es sich ausleben kann. Dazu müssen nun die Bedingungen erschaffen werden, die zum Erleben der schlechten Charaktereigenschaften notwendig sind. Es braucht jedoch mehr als ein weltliches materielles Sein, denn das Übel alleine in der Welt könnte sich nicht erleben. Deshalb musste zum Übel, das sich in der geschaffenen Welt erfahren soll, ein Gegenteil dazukommen. Etwas, das dem Übel sein Erleben ermöglicht: es ist die Liebe. Die Liebe bringt ihre Eigenschaften als Gedanken ins menschliche Gehirn ein. Sie veranlasst menschliche Handlungen, die den schlechten Charaktereigenschaften ihre Erfüllung ermöglichen. Ein Mörder braucht ein Opfer. Ein Machtbesessener braucht Untertanen, die sich seiner

Macht beugen. Das gilt nicht nur staatsmännisch betrachtet. Ebenso wird Macht in menschlichen Beziehungen ausgeübt. Ein gieriger Mensch braucht Menschen, die ihm die Gier erfüllen, z.B. durch die Ermöglichung ihrer Ausbeutung. Dafür bringt sich die Liebe unbewusst in den entsprechenden menschlichen Geist ein. Jeder Mensch trägt jedoch nicht zu 100% entweder das Übel oder die Liebe in sich, es kann keine Vollkommenheit geben. Deshalb ist stets eine unterschiedliche Verteilung beider Charaktere vorhanden. Ein Mörder hat das sehr starke Motiv, Leben auszulöschen. Doch kann er sich als Familienvater um seine Kinder auch liebevoll kümmern. Im weltlichen Geist eines Metzgers, der an jedem Arbeitstag viele Tiere umbringt, ist auch ein Teil Liebe vorhanden, wenn er z.B. zu seiner Frau nachhause kommt und ihr hilft, weil sie pflegebedürftig ist. Umgekehrt ist bei einem liebenden Menschen auch ein Teil schlechter Charaktereigenschaften vorhanden. In der Dualität muss stets beides vorhanden sein. Das Übel und die Liebe fasse ich mit dem Begriff Unbewusstheit zusammen.

Was ist Liebe?

Liebe ist das Gegenteil des Übels und es muss sie aufgrund der dualen Schöpfung im weltlichen Sein geben. Ohne sie wäre ein sich selbst Erleben des Übels nicht möglich. Liebe kann deshalb kein Selbstzweck sein und für sich alleine stehen.

Die Liebe ermöglicht, erlaubt und erleidet das Übel.

„Jedes Mal, wenn Du Dich in das Drama anderer Menschen hineingezogen fühlst, wiederhole diese Worte: Nicht mein Zirkus,

nicht meine Affen".

(polnisches Sprichwort)

Doch so einfach wie im oben zitierten Sprichwort ist es nicht, sich dem Befehl aus der Unbewusstheit zu widersetzen. Denn der Mensch ist kein unabhängiges Wesen, das sich frei entscheiden kann. Will das Übel z.B. in der Gestalt eines Mannes seine Wollust ausleben, dann wird die Liebe ein Opfer bereitstellen, sich also in den menschlichen Geist eines anderen Menschen einbringen, damit das Übel seine Begierde erleben kann. In so einem Fall geschieht die Liebeshandlung unbewusst, denn es würde sich kein Mensch absichtlich und bewusst dem Täter zur Verfügung stellen, um z.B. vergewaltigt zu werden oder sein Leben zu verlieren. Bei zwei Menschen, die von sich behaupten, dass sie sich lieben, steht die Stärke der Liebe für die Stärke der Unterstützung des jeweils anderen. Je intensiver sich ein Partner für die Erfüllung der Vorstellungen des anderen einsetzt, umso stärker und bedingungsloser ist die Liebe. Damit dürfte die Stärke der schlechten Charaktereigenschaft des einen Partners analog der Stärke der Liebe des anderen Partners sein. Das bedeutet auch, dass bei einer vorhandenen schlechten Charaktereigenschaft des einen (z.B. Eifersucht, Machthunger, Geiz u.a.), der andere aus Liebe trotzdem zu ihm hält. Liebe heißt, für die Erfüllung des Übels zu leiden. Denn stets geht es dabei darum, dass sich die schlechten Charaktereigenschaften des Übels erleben können. Mit zunehmendem Bewusstwerden kann immer mehr das Verständnis verbunden sein, dass Menschen und Lebewesen leiden müssen, damit sich das Übel gottgewollt ausleben kann.

Was ist richtig und was ist falsch?

Aus der vorangegangenen Darstellung ist für mich klar, dass es nichts Falsches geben kann. Alles, was geschieht im weltlichen Sein, muss richtig sein. Es sind Erscheinungsformen des Übels und seines Gegenteils der Liebe, es gibt nichts anderes. Dennoch ist das, was geschieht, durch etwas Schlechtes verursacht worden, es trägt ursprünglich das Übel (Böse) in sich. Das führt zu Leid, Schmerz und Trauer, aber genauso oft zu Hingebung und Liebe. Wahrscheinlich sind Liebe, Glück und Zufriedenheit das Gefühl von einer seelischen Erfüllung. Eine Art der Zufriedenheit einerseits des Übels, das sich mit seinen Motiven erleben konnte und andererseits der Liebe, die dies ermöglicht hat.

Was ist Leben?

Lebendes unterscheidet sich vom Toten oder Bewegungslosen, z.B. einem Stein, durch Lebendigkeit. Nicht im Sinne von Bewegung, denn das kann ein Roboter auch, sondern von eigenständiger, geistig selbstgewollter Bewegung eines körperlichen lebensfähigen Systems. Leben kann es nur geben, weil es einen Schöpfer dieses Lebens gibt. Nur Gott kann aus Materie ein lebendes, sich selbst regelndes System erschaffen. Lebendig wird der Körper dann, wenn er durch den Schöpfer bewegt wird. Das trifft bei allen Arten des Lebens zu, auch bei Pflanzen und Tieren. Jedes Lebewesen braucht ein anderes Lebewesen als Nahrung, um selbst weiterleben zu können. Es kann sich nicht von Steinen oder Sand ernähren. Am Anfang des Lebens war in der Welt jedoch nichts anderes vorhanden als die drei Elemente Erde, Wasser und

Luft. Das erste Lebewesen musste also die Fähigkeit haben, sich von diesen Elementen zu ernähren bzw. sich am Leben zu erhalten. Diese ersten Lebewesen waren Pflanzen. Erst mit deren Existenz konnten andere Lebewesen gebildet werden, die diese Pflanzen dann als Nahrung verwenden konnten. Damit wurden die Fähigkeiten der folgenden Lebewesen so weiterentwickelt, dass auch andere Lebewesen als Nahrung dienen konnten. Die Fähigkeiten zur körperlichen Weiterentwicklung des Menschen mussten vom Schöpfer bereits vorgesehen sein. Das erkenne ich daran, dass sich mit dem Ausleben der primitiven Charaktereigenschaften die körperlichen Fähigkeiten der Menschen weiterentwickelt haben. Damit können sich auch die höherentwickelten Charaktereigenschaften der Unbewusstheit erleben. Mit dieser Einsicht erklärt sich für mich der Begriff Evolution: Es ist die, vom Schöpfer in den menschlichen Körper eingesetzte Fähigkeit, sich von einfacheren zu komplexeren Strukturen weiter zu entwickeln. Die Charaktereigenschaften der Unbewusstheit können sich dadurch entsprechend erleben. So können sich anfänglich die primitiveren Charaktereigenschaften erfahren. Mit deren Ausleben und Abschwächen werden die menschlichen Körper und Gehirne weiterentwickelt, um das Erleben der komplexeren Charaktereigenschaften zu ermöglichen. Z.B. entstand beim Menschen dadurch der aufrechte Gang.

Vor der Schöpfung des Lebens hat Gott die Voraussetzungen dafür durch Bildung des Universums, der Welt und aller physikalischer Gesetzmäßigkeiten geschaffen. Als Werden des Lebens thematisiere ich das beginnende weltliche Leben, die Geburt eines

Lebewesens und speziell die Geburt eines Menschen. Im Übel liegt das Motiv für die Bildung von Körpern. Das Übel kann sich damit selbst ins weltliche Sein setzen. Nur im Übel existiert das Bedürfnis, mit Körpern eine Einheit zu bilden, um alle in ihm befindlichen Motive weltlich auszuleben. Strebt das Übel die Bildung eines neuen Körpers an, um damit bestimmte Motive auszuleben, werden ein Mann und eine Frau zusammengeführt. Dabei kann die Liebe, die Teil der Unbewusstheit ist, eine große Rolle spielen. Sie kann bei einem oder bei beiden Beteiligten die Zeugung eines Kindes unterstützen, auch dann, wenn keine körperlich oder psychisch günstigen Voraussetzungen vorliegen. Das Verhalten des von diesem Paar gezeugten und von der Mutter geborenen Menschen und seine Entwicklung wird von der Unbewusstheit (Übel und Liebe) geprägt. Alles, was in ihr ist, wird früher oder später durch Menschen mit diesen Charaktereigenschaften weltlich erlebt. Dabei ist jede Art von Erziehung und Beeinflussung Teil der Charaktereigenschaften und Bestandteil des Unbewussten. Diese Charaktereigenschaften transferieren Gedanken in das Gehirn der jeweiligen Menschen, um erlebt und abgelebt zu werden.

Was ist Sünde?

Sünden entstehen durch Handlungen aus den 7 schlechten Charaktereigenschaften, sie kommen immer aus der Unbewusstheit. Das, was geschieht, hängt stets mit dem Übel und seinen schlechten Charaktereigenschaften zusammen. Grundsätzlich ist das also etwas, das einen Täter ausmacht, aber ebenso einem Opfer aus Liebe entspricht. Beides ist im weltlichen Sein in unterschiedlicher

Ausprägung vorhanden und wird so von Menschen ausgelebt. Der Begriff Sünde stellt wohl für die meisten Menschen etwas Schlechtes dar und es werden sündhafte Taten auch bestraft. Jedoch wird die Vermeidung von Sünden nicht dazu führen, dass das Übel sich erleben kann, um sich am Ende aufzulösen. Sündhafte Handlungen von Kindern, wie Diebstahl, Beleidigungen, Verletzung anderer Menschen führen zu sündhaften Handlungen der Eltern, wie Zorn, Rache, Vergeltung. Eine tatsächliche Vermeidung von Sünden kann es nicht geben, denn der Mensch ist kein Wesen, das sich frei entscheiden kann. Es geht stets um das sich Erleben der Charaktereigenschaften.

Was ist das Gute?

Allgemein wird das Gute als das Gegenteil vom Schlechten gesehen. Eine Handlung ist gut, wenn sie dem Leben dient, sagt die neuere Philosophie. Die Beurteilung wird jedoch schwierig, wenn es sich um einen Helden handelt. Eine Heldentat ist eine Tat, die Menschen vor dem Übel schützen soll. Der Held, der anderes Leben schützen will, muss jedoch auch zu schlechten Taten greifen. Er muss Menschen, die als Täter mit schlechten Charaktereigenschaften auftreten, zwingen, ihre Tat nicht auszuführen. In kriegerischen Auseinandersetzungen muss er Menschen sogar töten, um das Leben der eigenen Kameraden zu schützen. Das Gute im Helden ist daher nur ein Teil der Liebe, deren Motiv das Leben eines oder mehrerer Menschen schützt. Es ist jedoch gepaart mit schlechten Charaktereigenschaften des Übels, mit denen der Held anderen Menschen oder Lebensformen Schaden zufügt oder sie tötet. Es ist daher schwierig, einen Helden grundsätzlich als gut einzuordnen. Wenn ein Mensch einem anderen hilft, scheint das grundsätzlich gut zu sein. Doch ist zu berücksichtigen, wie die Hilfe aussieht und aus welchem Grund sie gegeben wird. Derjenige, dem geholfen werden soll, ist in einer Situation, die für ihn nachteilig ist. Dieser Mensch hat z.B. seine Freundin aus Eifersucht geschlagen, weshalb die Frau ihn anzeigen will. Nun besteht die Hilfe darin, ihn vor den Konsequenzen zu schützen. Er wendet sich an einen Freund, der ihm helfen soll. Ist die Hilfe des Freundes etwas Gutes? Im Sinne des Schlägers schon, für die geschlagene Freundin nicht. Und entspricht sie der allgemeinen Vorstellung des Guten? Wenn armen hungernden Kindern geholfen wird, z.B. mit Lebensmitteln, ist dies etwas Gutes? Weshalb sind die Kinder arm und hungrig? Sie wurden gezeugt, ohne dass die Kinder Aussicht auf ein nahrungssicheres Leben haben. Wer tut so etwas? Der Grund liegt in den schlechten Charaktereigenschaften der Eltern. Jedes aus einer Beziehung geborene Kind hat ebenfalls aus der Unbewusstheit kommende Aufgaben zu erleben. Manches Gute besteht also aus einem Teil der Liebe und aus einem Teil des Übels. Es steht in Abhängigkeit zum sich erlebenden Übel. Es vollbringt schlechte Handlungen mit guter Absicht. Liebe ist das Gegenteil des Übels und zur Erfüllung des Übels in der Welt notwendigerweise geschaffen worden.

Hierzu zwei passende Zitate von Goethe:

„Zwei Seelen wohnen ach in meiner Brust... „

„... ich bin ein Teil von jener Kraft, die stets das Böse will und stets das Gute schafft."

Kann der Mensch frei wählen?

Der Mensch definiert sich über seinen Körper und seinen weltlichen Geist.

Alle Handlungen und die dazugehörigen Gedanken eines jeden Menschen werden aus den Charaktereigenschaften der Unbewusstheit in die Welt gebracht. In seinem weltlichen Geist kann der Mensch diese Charaktereigenschaften nur dann bewusst erkennen, wenn sie entsprechend stark abgeschwächt sind. Zur Einschätzung, ob ein Mensch bewusst oder unbewusst ist, können zwei Möglichkeiten unterschieden werden.

Erste Möglichkeit:

Die schlechten Charaktereigenschaften sind so stark, dass der menschliche Geist sie nicht bewusst erkennen kann. Deshalb wird er diese in menschliche Handlungen schicksalhaft, unbewusst und unbeirrt umsetzen.

Zweite Möglichkeit:

Ein Mensch, der aus dem Unbewussten negative Aufforderungen erhält, wird diese nicht mehr in die Tat umsetzen, wenn die Charaktereigenschaften sich stark abgeschwächt und bereits überwiegend ausgelebt haben. Dieser Mensch kann die, in seinem Gehirn vorliegenden negativen Gedanken bereits vor ihrer Umsetzung bewusst erkennen. In diesem Fall reagiert er auf solche Gedanken nicht mehr mit spontanem unbewussten Verhalten. Das bewusste Erkennen seiner negativen Gedanken ermöglicht es ihm, die entsprechenden Handlungen zu verweigern. Er ist aufgrund dieser Fähigkeit jedoch nicht frei. Denn dieser Mensch erhält Botschaften von anderen subtileren Charaktereigenschaften aus der Unbewusstheit. Die sind wiederum so stark, dass er sie nicht bewusst erkennen kann und er muss diese in weltlichen Handlungen zum Erleben bringen. Ich bin der Überzeugung, dass der Mensch weder frei ist, noch die Art, wie er lebt, wählen kann. Alle Appelle von Menschen an andere Menschen, ihr Leben zu ändern (verbessern), sind für Menschen der o.g. ersten Möglichkeit nicht relevant. Sie sind an die schlechten Charaktereigenschaften so stark gebunden, dass sie davon nicht abweichen können. Freiheit gibt es dennoch, allerdings in dem Sinne, dass das Übel von Gott die Freiheit bekommen hat, sich ganz nach seinen eigenen Bedürfnissen in der von Gott geschaffenen Welt zu erleben. Denn es ist keinerlei Vorgaben oder Zwängen unterworfen.

„Wünschen Sie Kalbfleisch oder Schweinefleisch?"
„Wissen Sie", sagt der Gast, „ich bin Neurobiologe. Ich glaube nicht an den freien Willen. Ich werde einfach warten und sehen, was ich bestelle".
(unbekannter Autor)

Zeit

Zeit, was ist das genau? Vergeht die Zeit oder was steckt dahinter? Vergehen kann das, was existiert und das ist alles Lebende mit seinem weltlichen Geist und alles, scheinbar unbewegliche Materielle. Es ist das weltliche Sein, das ich beobachten kann und alles Sein ist endlich. Zeit gibt es nicht in der Natur, es ist eine menschliche Konstruktion. Sie teilt das Werden und Vergehen in kontinuierliche Abschnitte ein. Deshalb kann nicht die Zeit vergehen, sondern das o.g. lebende und materielle weltliche Sein. Der Ablauf des Erlebens und Auflösens wird durch die menschlich geschaffene schrittweise (zeitliche) Markierung lediglich eingeteilt und angezeigt, aber weder geschaffen noch verändert. Durch so eine Unterteilung des Werdens und Vergehens kann der Ablauf allerdings nicht vollständig erfasst werden, da jeder noch so kleine zeitliche Abschnitt einen Zwischenraum enthält, der nicht erfasst wird. Das wird beispielhaft am Älterwerden erkennbar. Gemessen wird das Alter in Jahren und genau ab 1Sekunde nach Null Uhr ist man ein Jahr älter geworden. Doch wird man im Lebensverlauf stetig älter und nicht schlagartig nach einem Jahr. Diese kontinuierliche Veränderung kann nicht dargestellt werden, auch nicht mit einer sekundenweisen Anzeige.

Entscheidende Erkenntnis ist, dass alles, was geschieht, nicht umkehrbar und auch nicht wiederholbar ist, da sich alles in ständiger Veränderung und Auflösung befindet. Auch der Zeitmesser selbst ist davon betroffen. Daraus ergibt sich, dass das, was ich erkennen kann, stets Vergangenheit ist, also etwas, was bereits geschehen ist. Ich kann nicht in die Zukunft schauen oder das erkennen, was gerade geschieht, es muss erst geschehen sein. Beispielsweise kann ich einen Autounfall erst dann erkennen, wenn er bereits passiert ist, ich kann ihn nicht vorher erkennen oder im Moment des Geschehens. Dabei beziehe ich dieses Erkennen auf das Wahrnehmen durch meine Sinne. Das heißt, dass einerseits das Abbild des Fahrzeugs bis zu meinem Auge eine gewisse Zeit braucht und andererseits die Informationen vom Auge in mein Gehirn auch Zeit brauchen. Weiterhin ist alles im Leben der Veränderung und

Auflösung unterworfen, sodass das Geschehene sich bereits verändert haben muss, bevor die Informationen in meinen Geist gelangen. Beim Beobachten des Weltalls wird dies besonders deutlich. Die besten Teleskope der Welt erfassen ein Lichtjahre entferntes Ereignis erst, nachdem das Licht mit den entsprechenden Informationen diesen Weg zur Erde zurückgelegt hat. Während dieser Zeit hat sich das Ereignis jedoch bereits verändert. Dies kann zum Zeitpunkt des Geschehens nicht erkannt werden, da das Licht die Information über die Veränderung noch nicht zur Erde gesendet hat. Aber auch meine Gedanken kann ich als weltlicher Geist erst erkennen, wenn sie sich in meinem Gehirn befinden. Es scheint somit keine Gegenwart, sondern lediglich eine Vergangenheit vom menschlichen Geist erkennbar zu sein.

Beispiele für Dualität

Eine Minderheit der Menschheit hat sehr viel Macht und übt diese auch aus. Das beginnt bei Unternehmern, die ihre Produkte mittels Ausbeutung menschlicher und natürlicher Ressourcen hergestellt haben. Es betrifft auch Politiker, deren Machtstreben und Gier sie zu Korruption veranlassen und die durch strategisches Handeln Konkurrenten aus dem Weg schaffen. Wenn sie ihr Ziel erreicht und Macht erlangt haben, arbeiten sie an deren Festigung und Ausweitung. Das Wohl der Menschen, von denen sie (in einer Demokratie) gewählt wurden, berücksichtigen sie nicht oder nur gering. In einer Diktatur dagegen sind die Verhältnisse durch Gewalt entstanden und die unterdrückten Menschen werden durch

Androhung weiterer Gewalt zum Schweigen gebracht und zu bestimmten Verhaltensweisen gezwungen.

Die Gegenbewegung zu diesen beschriebenen Umständen bilden Menschen, die durch Demonstrationen und andere Einflussnahmen eine Änderung der Verhältnisse herbeiführen wollen. Anliegen dieser Menschen ist die Herstellung einer besseren Welt, in der alle miteinander in Frieden auskommen.

Macht wird in menschlichen Beziehungen ausgeübt, in der Menschen von einem oder mehreren in dieser Beziehung stehenden Menschen abhängig sind und unterdrückt werden. Diese Unterdrückten können nicht fliehen und müssen leiden, weil ihre Abhängigkeit vom Unterdrücker zu stark ist. Damit kann sich die schlechte Charaktereigenschaft des Unterdrückers ausleben Es ist unrealistisch zu glauben, dass eine erwünschte bessere Welt errichtet werden kann. Es gibt kein Motiv dafür, ein friedvolles Nebeneinander aller Lebensformen zu entwickeln. Wozu sollte dies dienen? Wie würde das Leben aller Lebewesen in einem imaginären Paradies funktionieren? Es dürfte keinen Tod mehr geben. Kein Lebewesen müsste ein anderes töten, um selbst zu überleben. Allein diese Betrachtung führt zu der Annahme, dass damit eine Art Vollkommenheit zustande kommen würde. In meinen späteren Ausführungen über die Vollkommenheit wird dargelegt, dass dies jedoch nicht möglich ist. Jeder Mensch muss sich mit seinen veränderlichen Vorstellungen, seiner Lebensgeschichte und mit der Umwelt, in der er lebt auseinandersetzen. Genauso muss er sich mit den gegensätzlichen oder zumindest anderen

Vorstellungen anderer Menschen befassen. Diese Vorstellungen sind die ins menschliche Gehirn eingesetzten Vorgaben aus der Unbewusstheit. Menschen haben Angst vor dem Leid. Sie leiden unter anderen Menschen, unter der Umwelt oder unter sich selbst. Deshalb wird in Gut und Böse eingeteilt und stets sind es die anderen Menschen, die böse sind, man selbst ist das Opfer.

Ein Täter jammert nicht, er scheint keine Angst vor dem Leid zu haben. Er agiert einfach. Er schädigt, zerstört und verbreitet Angst. Deshalb sind Täter die Bösen und mit den Bösen wollen die anderen Menschen nichts zu tun haben. Sie werden abgelehnt, eingesperrt oder sogar getötet.

Ein Opfer betrachtet nur sein persönliches Leid. Es sieht sich unausweichlich und schicksalhaft als jämmerlichen Verlierer, der sich in sein Leid fügen muss, ohne etwas dagegen tun zu können. Es macht sich kaum Gedanken darüber, ob es nicht selbst Täter gegenüber Tieren und Pflanzen, anderen Menschen oder auch vielleicht in subtiler Weise gegenüber dem eigenen Körper ist. Der Mächtige möchte keine Macht abgeben, sondern seine Bedürfnisse mit aller Macht befriedigen. Er möchte noch mehr Menschen unterdrücken, noch mehr Einfluss haben und seine Macht ausweiten. Er möchte möglichst die ganze Welt beherrschen und unangreifbar sein. Der Unterdrückte möchte das Leid, das ihm vom Mächtigen zugefügt wird, beenden. Er möchte die Macht des Mächtigen reduzieren, wenn es sein muss auch mit Gewalt. Der Unterdrückte ist nicht allein. Es gibt mehr Unterdrückte als Mächtige. Im Gegensatz zum Mächtigen suchen sie das Verbindende, das Gleichmachende. Sie sind im gemeinsamen Leid verbunden und schließen sich gegen den Mächtigen zusammen. Sie stürzen den Mächtigen, der sie unterdrückt, mit Gewalt. Jetzt sind sie an der Macht und aus ihren Reihen bilden sich wieder Mächtige. Wenn ein Mensch etwas tut, dann handelt sein Körper, bewegt durch die in ihm sich erlebenden Charaktereigenschaften der Unbewusstheit. Es gibt also stets ein im Übel und ein in der Liebe liegendes Motiv für das körperliche Verhalten des Menschen. Das körperliche Verhalten ist die einzige Möglichkeit für alle Charaktereigenschaften, sich im weltlichen Sein zu erleben. Deshalb können die Charaktereigenschaften im Erleben nicht eingeschränkt oder verhindert werden. Das weltliche Sein wurde schließlich dafür vom Schöpfer geschaffen. Erst wenn die schlimmsten Charaktereigenschaften sich ausreichend abgeschwächt haben, werden sich die nächsten subtileren im weltlichen Sein erleben können. Nach der Tötung von Menschen oder Lebewesen folgt beispielsweise die Manipulation von Menschen und Lebewesen usw. Dafür wird der menschliche Körper einschließlich Gehirn weiterentwickelt. Der weltliche Körper mit dem Gehirn eines Ureinwohners der Insel Borneo wäre nicht in der Lage, sich z.B. Gedanken über die Herstellung einer künstlichen Intelligenz zu machen. Sein Körper mit seinem Gehirn ist für das Ausleben primitiver Charaktereigenschaften ausgebildet, wie z.B. Machtausübung innerhalb seines Stammes. Jeder Hersteller eines Produktes steht grundsätzlich vor einem Problem, das mindestens mittelfristig zum Tragen kommt. Das Problem für den Produzenten besteht einerseits darin, dass er ein qualitativ hochwertiges und langlebiges Produkt herstellen muss, damit es unter qualitativen Gesichtspunkten möglichst oft verkauft werden kann, dass andererseits der Verkauf dieses Produktes aber endlich ist. Wenn es also keine Menschen mehr gibt, die dieses Produkt kaufen, weil sie es schon haben und aufgrund der Qualität und Langlebigkeit in absehbarer Zeit keines mehr kaufen müssen, dann würde die Herstellung dieses Produktes eingestellt werden müssen. Der Produzent wird also versucht sein, einen Kompromiss zwischen Produktqualität und Langlebigkeit zu schaffen, um den Verkauf über möglichst lange Zeit sicherzustellen. Beispielsweise kann er sein Produkt mit einem Bauteil ausstatten, das nach einer bestimmten Zeit defekt wird und die Bestellung eines neuen Produktes erfordert. Weitere Maßnahmen sind denkbar, damit die Produktion und der Verkauf weitergehen können. Zudem ist jede Firmenstrategie auf Fortbestand, Rentabilität und Wachstum ausgerichtet. Im Charakter dieser Strategen werden Macht und Gier als zentrale Motive ausgelebt und können solange nicht beeinflusst werden, bis die Charaktereigenschaften der Unbewusstheit, des Übels sich stark genug abgeschwächt haben. Die meisten Menschen, zumindest in den westlichen Demokratien, wollen so viel Wohlstand wie möglich erreichen und wenn sie ihn erreicht haben, keinesfalls mehr reduzieren. Hierbei werden mehrere unbewusste Charaktereigenschaften ausgelebt. Es sind solche wie Geiz, Selbstsucht, Gier. Die Menschen in armen Ländern haben das Problem, dass ihre Regierungen sich an ihnen und ihrem Land bereichern. Das führt dazu, dass Nahrung und Arbeit nicht ausreichend vorhanden sind und ihnen in naher Zukunft die Lebensgrundlagen fehlen werden. Vorstellbar ist somit eine welt weit zunehmende Wanderung von Menschen in Länder, die ihnen bessere Lebensbedingungen bieten können. Da es bei diesen Menschen um Leben oder Tod geht, lassen sich Zuwanderungen zumindest in Demokratien nicht aufhalten. Die meisten Philosophen und Theologen sprechen von einer kommenden Katastrophe, die wahrscheinlich nicht abwendbar sein wird. Obwohl viele Menschen das auch erkennen, können sie nichts dagegen tun. Sie sind nicht in der Position, entscheidende Verbesserungen durchzusetzen. Es wird immer offensichtlicher, dass die Mehrheit der Menschen (und vieler anderer Lebewesen) aufgrund der genannten sich verschlechternden Bedingungen und aufgrund von andauernden Auseinandersetzungen um die noch verbliebenen Ressourcen zukünftig nicht mehr leben kann und daher sterben wird. Die wenigen, die überleben, werden wieder neu beginnen und andere Charaktereigenschaften in die Welt bringen und erleben. Die Menschheit wird zwar nicht aussterben und die Welt wird nicht zugrunde gehen, aber es wird wohl einen Neuanfang für alles Leben geben.

Sinn des Lebens

Der Sinn des Lebens ist erkennbar, er ist nicht verborgen. Jedoch kann er nur von denjenigen Menschen erkannt werden, deren Unbewusstheit sich relativ weit abgelebt hat.

"Sinn des Lebens: etwas, das keiner genau weiß. Jedenfalls hat es wenig Sinn, der reichste Mann auf dem Friedhof zu sein"
(Sir Peter Ustinov)

"Der Sinn des Lebens ist, was man dafür hält."
(Stephen Hawking)

Der Sinn des Lebens ist nicht das Erreichen eines paradiesischen Zustandes, denn wozu sollte dieser dienen? Er besteht auch nicht darin, glücklich zu sein. Man sollte auch nicht glauben, dass er verborgen ist und man könne ihn suchen und vielleicht finden. Er besteht auch nicht darin, möglichst viel Gutes und nichts Schlechtes zu tun, um irgendwie zufriedener zu werden. Nein, der Sinn des Lebens besteht in allem, was der Mensch tut. In allen seinen Handlungen und Verhaltensweisen zeigt sich der Grund, weshalb er lebt. Jeder Fragesteller, jeder Zweifler, jeder mit fester Überzeugung, jeder Verschwörungstheoretiker aber auch jeder Mörder, jeder Dieb und jeder Kriminelle, jeder religiöse Fanatiker und jeder Freigeist zeigt in der Art, wie er lebt, seinen Lebenssinn. Denn alles, was in ihm ist, kommt aus dem Übel und seinem Gegenteil der Liebe und es braucht menschliche Körper und den menschlichen Geist, damit das Übel und die Liebe sich in der von Gott geschaffenen Welt erleben können. Alle Lebewesen wurden und werden dafür geboren.

Wahrheit, eine Illusion?

Eine Eingrenzung des Bezugs wahrheitsfähiger Propositionen auf bestimmte Gegenstandsbereiche, z.B. auf den Bereich derjenigen Gegenstände, die der Erfahrung zugänglich sind, ist umstritten, ebenso wie die genaue Bestimmung der Objekte, welchen diese Eigenschaft zugeschrieben wird

*(der„ Wahrheitsträger": Urteile, Überzeugungen, Aussagen, Gehalte etc.). Aber auch die Natur der Wahrheit als Eigenschaft der Wahrheitsträger ist Gegenstand von Debatten (z.B. Korrespondenz zu „Wahrmachern", also Gegenstände, Sachverhalte etc. oder „Kohärenz" als Übereinstimmung mit anderen Wahrheitsträgern). Ebenfalls strittig ist, wie wir Kenntnis von dieser Eigenschaft erhalten: nur durch empirischen Wissenserwerb oder zumindest für bestimmte Gegenstände auch vorab, „a priori".
(Quelle: Wikipedia)*

Jede Betrachtung und jede Beschreibung einer Existenz im weltlichen Sein steht in Beziehung mit der Vorstellung von dieser Existenz im individuellen menschlichen Geist. Keine Existenz kann ohne Bezug zum geistigen Beobachter betrachtet und beschrieben werden, weil es nicht möglich ist, sich als weltlicher Geist außerhalb seiner selbst zu begeben, um sozusagen „von außen" eine Existenz zu betrachten. Das heißt, dass jede Existenz nur analog der im menschlichen Geist gebildeten Vorstellung von dieser Existenz beschreibbar und erklärbar sein kann. Hinzu kommt, dass die Sprache eine Form des Ausdrucks und der Beschreibung ist, die bestimmten Regeln und Voraussetzungen gehorcht und es deshalb auch nur diesen Regeln und Voraussetzungen entsprechende verbale Darstellungen geben kann. Somit kann über die objektive alleinige Existenz keine Wahrheit ausgesagt werden, weil die Beschreibung stets mit der Vorstellung des menschlichen Geistes korreliert und unterschiedliche menschliche Geiste unterschiedliche Vorstellungen haben, was auch zu unterschiedlichen Aussagen über die wahrgenommene Existenz führt.

Andererseits kann Wahrheit folgendermaßen definiert werden und muss folgende Kriterien erfüllen können: Wahr kann nur sein, was nicht der Veränderung und somit auch nicht der Vergänglichkeit unterworfen ist. Wahr kann daher nur sein, was ewig, absolut und unveränderlich ist. Diese Prämissen gelten ebenso für die Vollkommenheit, weshalb Wahrheit und Vollkommenheit eins sein müssen. Jede bekannte und vorstellbare Existenz im weltlichen Sein ist in beständiger Veränderung, weil sie weder ewig noch vollkommen ist. Eine vermeintliche Beschreibung ihres aktuellen Zustandes kann nicht zutreffen, da sich der Zustand bereits während der Beschreibung in einen anderen Zustand verändert. Es kann keinen Zustand geben, der auch nur einen Moment bleibt, da sich alles ohne Unterbrechung in permanenter Veränderung befindet. Zudem unterliegt auch jede Information auf dem Weg zum Empfänger einer fließenden Veränderung, sodass auch das jetzt Wahrgenommene nicht dem Ursprünglichen entsprechen kann. Etwas Ursprüngliches im Sinne von etwas Bleibendem kann es aufgrund des stetigen Erlebens und Auflösens nicht geben. Es ist daher nicht möglich, einen Beweis irgendeiner natürlichen Existenz im weltlichen Sein zu finden oder zu ermitteln. Es gibt nichts in der Natur und im Leben, das der menschliche Geist beobachten oder mittels seines Köpers berühren kann und dabei beweisbar wäre. Beweisbar heißt, dass ein wiederholbarer Vorgang bei jeder Wiederholung das gleiche Ergebnis oder Erlebnis bringt. Dies ist aufgrund des sich ständig verändernden Seins nicht möglich. Alles befindet sich in beständig fließender Veränderung und strebt seiner Auflösung zu.

Daher können weder Experimente, die vermeintlich wiederholt werden, noch andere wiederholte Vorgänge:

a) die gleichen Bedingungen haben. Diese können auch nicht so hergestellt werden wie sie zum Zeitpunkt des erstmalig betrachteten Ereignisses oder Experimentes, das wiederholt werden soll, vorgelegen haben, denn es sind nur sehr wenige Bedingungen bekannt.

b) das gleiche Ergebnis bringen.

Natürlich kommt dabei der Einwand, dass die Ergebnisse der Mathematik wahr und deshalb beweisbar seien: $2 + 2 = 4$. Das sind jedoch theoretische Betrachtungen, die in sich logisch sind. Sie kommen aber in der Natur nicht vor. Setzt man anstelle der Zahlen eine natürliche Existenz ein, dann tritt das gleiche Problem auf, wie zuvor beschrieben: Z.B. zwei Äpfel + zwei Äpfel sind vier Äpfel. Das ist zwar logisch aber nicht beweisbar, denn jeder Apfel verändert sich und ist nicht mehr der gleiche wie zuvor. Das Vorhandensein von im Moment vier Äpfeln hängt lediglich vom Zeitrahmen der Betrachtung ab. Nach einer gewissen Zeit sind sie nicht mehr vorhanden, weil verfault und aufgelöst. Physikalische Gesetzmäßigkeiten sind beschreibbare und messbare Abhängigkeiten von vergehender Welt. Sie regeln das Verhalten der Systeme und des materiellen Seins untereinander. Mit der Auflösung der Materie lösen auch diese sich auf, denn es gibt nichts mehr, worauf sie einwirken können. Dennoch sind all die Vorstellungen und Meinungen über Beweisbarkeit und Wiederholbarkeit, auch die der Wissenschaftler genau richtig. Auch ihre Charaktereigenschaften wie

Neugier, Eitelkeit, Rechthaberei und Machtbedürfnis kommen aus der Unbewusstheit und streben deshalb danach, sich auszuleben. Ein interessantes Phänomen ist, dass ich zwar davon spreche, in Gott enthalten sein zu müssen, weil es nichts außerhalb von ihm geben kann, es jedoch keinen eindeutigen Begriff für diese angenommene Wahrheit gibt. Ich kann stets entweder nur von Gott oder nur von mir sprechen, obwohl wir ja eins sind und auch das Wort **wir** aus einer Zweiteilung besteht. Und wenn ich über ihn spreche, dann muss ich ebenso wieder unterscheiden, nämlich durch die Worte **über ihn** und über mich. Auch wenn ich von **uns** sprechen würde, ist damit bereits eine getrennte Betrachtung eingetreten, denn **uns** beschreibt mindestens zwei Inhalte. Diese vermeintliche Wahrheit lässt sich also nicht einmal aussprechen. Der Grund dafür liegt in der Dualität, wegen der es keine Wahrheit geben kann. Allerdings kann ich über Gott nichts weiteres aussagen, als das, was aus der Unbewusstheit in meinen menschlichen Geist gesendet wurde und das, was ich in meinem Leben erfahren habe und in meinem Gehirn als gespeicherte Information vorliegt.

Wahrnehmung und Interpretation

Wahrgenommen werden kann vom menschlichen Geist nur das, was geschehen ist und nicht das, was gerade oder zukünftig geschieht. Diese banal erscheinende Aussage macht jedoch deutlich, dass nur Vergangenes, bereits Geschehenes betrachtet werden kann. Es können nur diejenigen weltlichen Erscheinungen wahrgenommen werden, die bereits geschehen sind, also ausschließlich vergangene Ereignisse.

Das betrifft nicht nur körperliche Vorgänge, sondern ebenso Gedanken. Wenn ich denke und handle, dann kann ich als menschlicher Geist beides nur betrachten (wahrnehmen), wenn dies geschehen ist. Handlungen und Gedanken gehören der Vergangenheit an. Nur deshalb können sie nach ihrem weltlichen Erscheinen vom menschlichen Geist wahrgenommen und betrachtet werden, nicht unmittelbar vor oder bei ihrer Entstehung. Erst wenn sich Gedanken im menschlichen Gehirn befinden und erst wenn eine Handlung ausgeführt wurde, kann der menschliche weltliche Geist sie wahrnehmen.

Dazu habe ich einen interessanten Artikel des Psychologen Daniel Wegner von der Harvard University in Boston gelesen. Darin erklärt er:

„Dass unsere Erfahrung, eine Handlung gewollt zu haben, nicht beweist, dass der Wille diese Handlung selbst verursacht hat".
Bereits in den 1980-er Jahren führte der amerikanische Neurologe Benjamin Libet einen inzwischen legendären Versuch durch, der den Zusammenhang zwischen Gedanken und Handlung untersuchte. Versuchspersonen sollten zu einem frei wählbaren Zeitpunkt entscheiden, einen Finger zu krümmen. Gleichzeitig beobachtete er mit einer elektronischen Messeinrichtung die Hirnaktivität der Personen. Das erstaunliche Ergebnis: Die motorischen Hirnareale der Hirnrinde wurden bereits eine Drittel- bis eine halbe Sekunde früher aktiv, noch bevor der Entschluss, den Finger zu krümmen überhaupt ins Bewusstsein trat. Anders gesagt, fällt die Entscheidung zu einer Handlung schon auf unbewusster Ebene, noch bevor man sich bewusst dazu entschließt.

Mein menschlicher Geist dürfte also nicht derjenige sein, der Gedanken in mein Gehirn sendet. Es muss daher noch eine weitere geistige Ebene geben und das ist, wie bereits dargestellt, die Unbewusstheit. Aus ihr heraus werden Impulse in mein Gehirn übertragen, die mein menschlicher Geist dann als vermeintlich eigene Gedanken erkennen kann. Daraus wird dann mein Verhalten im weltlichen Sein veranlasst. Ich betrachte mein eigenes Verhalten und die ständig auf mich einfließenden Informationen von anderen Menschen, aus meiner Umgebung oder aus den Medien. Dabei stelle ich fest, dass mich Informationen unterschiedlich beeinflussen. Ich kann erkennen, dass ich, so wie offensichtlich jeder Mensch, die ihm zukommenden Informationen unterschiedlich interpretiere und bewerte. Es scheint gar unmöglich zu sein, nicht zu bewerten und zu interpretieren. Jede Interpretation des Verhaltens anderer Menschen und des eigenen Verhaltens, sowie von Vorgängen oder von Erscheinungen basieren zwar auf der Registrierungsfähigkeit der eigenen Sinne aber auch auf der persönlichen Konditionierung, also der Wertebasis des jeweiligen menschlichen Geistes, der interpretiert und bewertet. Mein eigenes Handeln, meine eigenen Worte sowie meine Mimik und Gestik werden von anderen mich beobachtenden Menschen reflektiert. Dabei werden Botschaften von den betroffenen oder beobachtenden Menschen an mich zurückgesendet, nachdem diese meine Handlung interpretiert haben. Dabei zeigt sich, dass meine Handlungen von mir selbst anders interpretiert werden als von anderen Menschen. Es liegen also unterschiedliche Wertvorstellungen für die jeweiligen Interpretationen zugrunde.

Wenn die Sinne vieler Menschen (bei gleicher Gesundheit der Sinne) gleiche Ereignisse aufnehmen, z.B. bei einem Theaterbesuch, dann würden bei einer anschließenden Befragung über die Erinnerungen an das Stück und deren Beurteilung unterschiedliche Wahrnehmungen und Aussagen zutage treten. Diese Aussagen entsprechen weder vollständig noch tatsächlich den über die Sinne empfangenen und im Gehirn vorliegenden Signalen, sondern orientieren sich an der Konditionierung des jeweiligen menschlichen Geistes. So wird der Kritiker das Theaterstück anders bewerten als ein Fan des Hauptdarstellers und der Autor wird sein Werk als sehr gelungen bezeichnen während mancher Zuschauer von der Inszenierung vielleicht etwas enttäuscht ist. Auch bei unterschiedlicher Interpretation muss davon ausgegangen werden, dass die Sinne des Kritikers, des Fans, des Autors oder des Zuschauers, die das Theaterstück gemeinsam erlebt haben, auch das gleiche aufgenommen haben, sofern annähernd gleiche Funktionalität der Sinne vorgelegen hat. So wie deren Augen alle Lichtreflexe der Ereignisse (Standort soll vernachlässigt werden) ans Gehirn weitergeleitet haben mussten, haben auch alle anderen Sinne die jeweiligen Signale erfasst und ans Gehirn weitergeleitet. Wenn aus der Gesamtsumme der im Gehirn der Teilnehmer vorliegenden Signale sowohl unterschiedliche Anteile ausgewählt, als auch unterschiedlich interpretiert wurden, dann muss auch eine unterschiedliche Konditionierung des jeweiligen menschlichen Geistes vorliegen. Unter Konditionierung ist ein Wertepotenzial zu verstehen, welches Basis für Auswahl, Einschätzung und Beurteilung des Wahrgenommenen ist.

Wahrnehmung und Interpretation sind somit Funktionen des individuellen menschlichen Geistes, der aus einer Gesamtmenge an sinnlich aufgenommenen Signalen auswählt, entsprechend seiner Konditionierung. Darunter verstehe ich die ins menschliche Gehirn übermittelten Charaktereigenschaften der Unbewusstheit, die in jedem menschlichen Gehirn unterschiedlich vorliegen. Was wahrgenommen wird, richtet sich auch nach der Rangreihenfolge vorliegender Bedürfnisse, wobei das stärkste Bedürfnis zuerst befriedigt werden muss. Beispielsweise liegen beim Hungergefühl die körperlichen Signale im Gehirn vor, sodass der menschliche Geist darauf entsprechend reagieren kann bis der Hunger gestillt ist und die Nahrungsaufnahme beendet werden kann. Darüber hinaus kann auch noch weiter gegessen und getrunken werden. Dabei kann es sich dann nicht mehr um Signale des Körpers handeln, denn der Körper hat ja seine Sättigung bereits angezeigt. Vielmehr liegt jetzt ein anderes Bedürfnis, ein Motiv vor, mehr Nahrung aufzunehmen als der Körper benötigt. Dieses Motiv liegt wieder als unbewusster Gedanke im menschlichen Gehirn vor. Der menschliche Geist lässt den Körper entsprechend handeln und befriedigt damit die Charaktereigenschaften der Genusssucht und Maßlosigkeit.

Wie beschrieben, kann lediglich die Vergangenheit vom menschlichen Geist betrachtet werden, weder Gegenwart noch Zukunft. Auch meine Gedanken kann ich erst betrachten, wenn sie in meinem Gehirn erschienen sind, nämlich dann, wenn diese von der unbewussten Ebene in mein Gehirn transferiert wurden. Diese Vergangenheitsbetrachtung ist somit das Einzige, das dem menschlichen bewussten Geist möglich ist.

Daraus kann abgeleitet werden, dass jedes menschliche Handeln nicht aus einem menschlichen und bewussten Geist entsprungen ist. Denn wie kann ein menschlicher Geist bewusst handeln, wenn er lediglich Vergangenes betrachten kann und seine Gedanken ebenso Vergangenes darstellen.

Beispiel:

Hat ein Mensch ein starkes Ruhe- und Schlafbedürfnis, dann liegen entsprechende Signale dieser körperlichen Disposition im Gehirn vor. Sie werden vom menschlichen Geist erkannt und er kann den Körper veranlassen, sich zur Ruhe zu legen. Während des Schlafens werden von den Sinnesorganen (außer den Augen) weiterhin Signale empfangen und ans Gehirn weitergeleitet, denn eine Unterbrechung der Empfangs- und Signalwege dürfte mit Schlafen nicht verbunden sein, weil die Sinnesorgane nicht sozusagen abgeschaltet werden. Lediglich der weltliche menschliche Geist scheint abwesend zu sein und damit können Empfangssignale der Sinnesorgane nicht mehr vom menschlichen Geist aufgenommen werden. Leise Musik oder entfernte schwache Geräusche lassen den Schlafenden nicht erwachen. Sind die Signale jedoch außergewöhnlich oder wird der Körper stark berührt, dann wird der menschliche Geist wieder aktiv, hervorgerufen durch seine Unbewusstheit, die einer Gefahr begegnen möchte.

Eine weitere interessante Betrachtung ist folgende:

Es gibt Menschen, die aus dem Schlaf erwachen, obwohl ein Schlafbedürfnis noch vorliegt und von den körperlichen Sinnen keinerlei Signale empfangen werden konnten. Der Schlafraum ist still, es gibt keine ungewöhnlichen Gerüche oder Berührungen und auch von außen sind keine Geräusche zu hören. Sie wachen plötzlich auf und werden unruhig, weil sich z.B. ein Einbrecher, ohne Geräusche zu machen, ins Haus geschlichen hat. Von solchen Ereignissen ist mehrfach berichtet worden. Wenn keine sinnlichen Signale vorliegen und das Schlafbedürfnis des Körpers noch besteht, dann müssen Informationen geflossen sein, deren Ursprung auf eine weitere geistige Ebene hindeutet. Nämlich auf eine unbewusste Sphäre, die den Körper erwachen ließ, obwohl keine sinnlich erfassten Informationen vorlagen. Somit müssen außerkörperliche Informationen geflossen sein, die für bestimmte Situationen eine entsprechende Handlung veranlassten. Sie sind jedoch bewusst nicht erkennbar, auch nicht im Nachhinein. Damit liegt die Vermutung nahe, dass alle menschlichen Handlungen und Gedanken aus dieser geistigen unbewussten Ebene veranlasst werden.

Vor einiger Zeit besuchte ich eine Galerie und stand vor einem Bild, das ich mir etwas genauer ansah. Neben mir stand ein Mann, der das Bild auch betrachtete. Nach einer Weile sagte ich: mir gefällt besonders der expressionistische Ausdruck des Bildes, worauf er antwortete: das Bild hat doch einen naturalistischen Ausdruck. Daraufhin fragte ich ihn, ob seine Augen in Ordnung seien, das Bild habe doch tatsächlich einen expressionistischen Ausdruck. Er verneinte dies erneut und verließ den Platz. Das Bild könnte nun wissenschaftlich untersucht werden, wodurch sich der Ausdruck des Bildstiles und meine Aussage bestätigen oder nicht bestätigen ließe. Doch worum ging es in der Auseinandersetzung eigentlich? Entscheidend ist, dass es beim menschlichen Kontakt stets um das Erleben der in den jeweiligen Menschen bestehenden Charaktereigenschaften geht, im Beispiel also um den Hochmut, speziell um Rechthaberei. Das Bild ist lediglich das Mittel, über welches die Auseinandersetzung stattfindet. Dabei wird in einer fortschreitenden Auseinandersetzung meistens auch eine möglichst logische Argumentation oder Beweisführung eingesetzt, um den anderen Menschen davon zu überzeugen, dass man doch recht hat. Dies kann faktisch zwar zutreffen, jedoch erlebt sich eben die o.g. Charaktereigenschaft. Wahrnehmung des menschlichen Geistes ist das Substantiv für „etwas wahrnehmen". Wahrnehmung teilt sich somit auf in ein Etwas, in einen Wahrnehmenden, in den Vorgang des Wahrnehmens und in ein Ergebnis des Wahrgenommenen. Etwas für wahr nehmen bedeutet, dass das Wahrgenommene selbst nicht das Wahre sein kann, denn es wird ein zunächst Unbekanntes betrachtet und mittels individueller Vorstellung des jeweiligen menschlichen Geistes interpretiert. Dieses beschriebene Etwas ist ein sich ständig veränderndes Sein ohne Wahrheit. Es existiert in seiner Beschreibung nur durch und wegen des wahrnehmenden menschlichen Geistes aus seiner aktuellen Vorstellung über die betrachtete Existenz.

Der Vorgang des Wahrnehmens selbst ist ein sich ständig wandelnder, denn der Moment des Wahrnehmens bleibt weder bestehen, noch kehrt er zurück, sondern verändert sich unmittelbar, d.h. ohne Verbleib in den Moment eines neuen wahrnehmenden Vorgangs, dem ein etwas anderes Wahrnehmen und ein anderer wahrnehmender menschlicher Geist zugrunde liegen. Die Erkenntnis ist deshalb, dass die Wahrheit nicht gefunden oder entdeckt werden kann, weil sie nicht existiert. Alles Sein vergeht und strebt der Auflösung zu. Die Suche nach der Wahrheit dürfte also ein Vorgang sein, bei dem es um etwas anderes geht, als um das Auffinden irgendeiner vermuteten Wahrheit. Es geht eben wieder um die Motive, die in der Unbewusstheit liegen und die sich erleben.

Was ist Denken?

Denken wird allgemein als von Wahrnehmung und Intuition unterschieden. Dies wird in der Regel damit begründet, dass Wahrnehmung und Intuition unbegrifflich seien, Gedanken jedoch als begrifflich oder propositional aufgefasst werden. Denken kann auf einen Einfall basieren, spontan durch Gefühle, Situationen, Sinneseindrücke oder Personen ausgelöst werden, oder es wird abstrakt-konstruktiv entwickelt. Automatisches Denken, das unbewusst, absichtslos, unwillkürlich und mühelos abläuft, kann unterschieden werden vom kontrollierten Denken, das bewusst, absichtlich, freiwillig und aufwendig ist. Wie Denken im Einzelnen geschieht, ist Forschungsgegenstand verschiedener Disziplinen. Wissenssoziologie, Ethnologie, Psychologie (insbesondere Denkpsychologie) und Kognitionswissenschaft betrachten das Denken höchst unterschiedlich. Einige versuchen, deskriptiv die vorliegenden Formen des Denkens zu beschreiben und bestimmte Muster und Heuristiken zu finden, denen das Denken von Individuen oder Gruppen im Allgemeinen, gruppenspezifisch oder im Einzelfall folgt. Diese Formen können wiederum in der Perspektive der Soziologie, der allgemeinen Psychologie, der

Persönlichkeitspsychologie oder in kognitionswissenschaftlichen Modellen betrachtet werden. Die Gehirnforschung und verwandte Fachbereiche untersuchen die psychologischen, neuronalen und biochemischen Mechanismen, die dem konkreten Vorgang des Denkens zugrunde liegen. Erkenntnistheorie, Spieltheorie, Logik und Denkpsychologie untersuchen, welchen Regeln das Denken folgen muss, um Wahrnehmungen sinnstiftend zu verarbeiten, zu wahren Überzeugungen zu gelangen oder um korrekt Probleme zu lösen oder Schlüsse zu ziehen.
(Quelle: Wikipedia)

„Wir sind was wir denken. Alles, was wir sind, entsteht aus unseren Gedanken. Mit unseren Gedanken formen wir die Welt".
(Buddha)

Unter Denken verstehe ich einen Vorgang des Wahrnehmens der im Gehirn befindlichen Informationen durch den menschlichen Geist. Im Gehirn liegen Informationen vor, die von den körperlichen Sinnesorganen, den abgespeicherten Erfahrungen der Vergangenheit und von der Unbewusstheit (dem Übel, der Liebe) stammen. Die von den Sinnesorganen empfangenen Signale können entsprechende Reaktionen veranlassen, etwa die Flucht vor erkannten Gefahren. Gespeicherte Erfahrungen erlauben es dem menschlichen Geist seine Vergangenheit zu betrachten. Motive der Unbewusstheit übermitteln Handlungsaufforderungen, einerseits von den schlechten Charaktereigenschaften gesteuert, andererseits von der Liebe. Diese werden zur Umsetzung der Motive als Gedanken ins menschliche Gehirn und damit in den menschlichen Geist transferiert. Beim Denken betrachtet der menschliche

Geist die im Gehirn gespeicherten Lebenserfahrungen und die Sinnesinformationen. Die unbewussten Handlungsaufforderungen kann der menschliche Geist erst nach der ausgeführten Handlung betrachten. Es sind zwar auch Gedanken, die aus der Unbewusstheit im Gehirn vorliegen, jedoch kann der menschliche Geist sie erst erkennen, wenn sie im Gehirn nach vollzogener Handlung gespeichert wurden. Dazu zählen alle spontanen Handlungen.

Was ist Bewusstsein und Unbewusstsein?

In einem materialistischen Weltbild entsteht das Rätsel des Bewusstseins anhand der Frage, wie es prinzipiell möglich sein kann, dass aus einer bestimmten Anordnung und Dynamik von Materie Bewusstsein entsteht. Die Vertreter dieser These, dass das Bewusstsein rätselhaft sei, argumentieren, dass selbst eine lückenlose Aufklärung sämtlicher physiologischer Gehirnprozesse diese Frage nicht beantworten könne. Viele mentale Zustände haben die Eigenschaft, in bestimmter Weise erlebt zu werden. Das Wesentliche des mentalen Zustandes „Schmerz" ist etwa ganz offensichtlich, dass es weh tut. Doch woher kommt dieses Erleben (das Quale)? Nichts an einem neuronalen oder funktionalen Zustand deutet darauf hin, dass er von einem Schmerzerleben begleitet ist. Oft wird auch wie folgt formuliert: Die Vorgänge im Gehirn können (noch) nicht verständlich machen, warum sie mit entsprechendem Erlebnisgehalt ablaufen. Warum gehen viele Prozesse im Gehirn nicht ohne einen Funken Bewusstsein vonstatten? Das scheint nicht erklärbar zu sein.

(Quelle: Wikipedia)

Das Bewusstsein wird vom Gehirn erzeugt, dies ist die heutige wissenschaftlich anerkannte These. Diese Annahme entspricht einem materialistischen Weltbild, wonach alle Vorgänge und Phänomene auf Materie und deren Gesetzmäßigkeiten zurückzuführen sind. Doch wird eine solche Annahme durch Erkenntnisse von Menschen, die Nahtoderfahrungen machten, in Frage gestellt. Die von Wissenschaftlern untersuchten Vorgänge bei Patienten basieren alle aufgrund medizinischer Messungen von festgestelltem Herzstillstand mit anschließendem Verlust aller Gehirnaktivitäten. Nachdem diese Patienten wieder ins Leben zurückgeholt wurden, berichteten sie von klareren Realitäten als sie es in ihrer jetzigen Welt je erfahren hätten. Es gab weder Raum noch Zeit und sie hätten den Eindruck, dass Alles mit Allem verbunden sei. Ihr Bewusstsein hat sich gegenüber anderen Menschen, anderen Lebewesen und der Umwelt stark verändert, wonach sie sich jetzt für Hilfen und Verbesserungen einsetzen wollen.

Im bekanntesten Fall erinnerte sich ein Mädchen an 25 Namen aus dem Umfeld eines verstorbenen Weihrauchhändlers, der von einem Lastwagen überfahren wurde. Sie nannte die genauen Markenbezeichnungen des von ihm verkauften Weihrauchs. Diese Marken waren im Umfeld des Mädchens weder bekannt noch verfügbar. Es gelang aufgrund präziser Angaben, die Identität des Händlers ausfindig zu machen. Es stellte sich dann heraus, dass er mit einem Fahrrad unterwegs war, um Weihrauch zu verkaufen, als er von einem Lastwagen erfasst und getötet wurde. Die von dem Mädchen genannten Weihrauchmarken entsprachen genau denen, die er verkauft hatte. Es gibt eine sol-che Fülle von Details, die das Mädchen wusste, dass Zufall aus-geschlossen werden konnte. Die Details wurden schriftlich fest-gehalten, bevor jemand den Fall untersuchte.

Oft zeigt sich bei solchen Kindern das Phänomen von Geburts-merkmalen exakt an den Stellen, wo Eintritts- und Austrittswun-den am Körper der beschriebenen Personen waren und an de-nen diese Person gestorben ist.

Bei ca. 35% der Kinder tritt gleichzeitig das Phänomen auf, dass sie krankhafte Furcht bezüglich der Umstände des Todes der be-schriebenen Personen im eigenen Leben entwickeln, z.B. Angst vor Wasser bei Tod durch Ertrinken.

(Autoren unbekannt)

Unbewusstheit und Bewusstheit sind geistige, seelische Sphären, die sich nicht wie physische Existenzen naturwissenschaftlich be-weisen oder genau beschreiben und erklären lassen. Sie entste-hen nicht durch ein vom Gehirn angelegtes Muster von Materie mit einer bestimmten Dynamik. Die Materie und Dynamik werden von der Unbewusstheit entsprechend ihrer übermittelten Informationen im Gehirn angeordnet. Es können lediglich die Auswirkungen der Unbewusstheit auf körperliche Zustände und Aktivitäten vom menschlichen Geist erkannt werden. Geist lässt sich nicht physi-kalisch messen, weil er keine physikalischen Eigenschaften be-sitzt. Unbewusstheit ist diejenige geistige Sphäre, die aus den Charaktereigenschaften des Übels und den Charaktereigenschaf-ten der Liebe besteht. Nur in dieser Sphäre befinden sich alle Mo-tive, die zu den beobachtbaren Handlungen und deren

Auswirkungen im weltlichen Sein führen. Nur aus ihr heraus werden alle menschlichen Handlungen über den menschlichen Geist und das menschliche Gehirn initiiert, es gibt nichts anderes. Bewusstsein dagegen besteht ausschließlich aus der gedanklichen Betrachtung von im Gehirn gespeicherten Empfindungen, vergangenen Ereignissen, Erfahrungen und Vorstellungen über das Sein. Es unterscheidet sich vom Unbewussten durch fehlende Handlungsaufforderungen. Im Bewusstsein können keine Motive vorhanden sein, weil es das Gegenteil der Unbewusstheit ist. Bewusstsein muss deshalb in seiner reinen Form handlungsleer sein. Bewusstsein ist also ein Zustand meines individuellen menschlichen Geistes, der theoretisch alles, was sich in meinem Gehirn befindet, betrachten kann. Wenn ich beobachte, was Menschen tun, wie Tiere sich verhalten oder wie ich selbst mich bewege, dann kann mir dies alles erst bewusst werden, wenn es geschehen ist. Wende ich jedoch spontan meinen Kopf und sehe, dass sich ein Mensch auf mich zubewegt, dann kann diese Bewegung meines Kopfes nur aus dem Unbewussten veranlasst worden sein. Es lag kein vergangenes Ereignis in meinem Gehirn vor, das mein menschlicher Geist bewusst hätte betrachten können. Ich habe den Menschen nicht vor meiner Kopfdrehung sehen können. Deshalb kann ich meinen Kopf nicht bewusst gewendet haben. Auf welches vergangene Ereignis hin hätte ich ihn bewusst wenden können? Wenn ich diesen auf mich zukommenden Menschen anschließend wahrnehme, dann kommt dieses Ereignis bereits aus der Vergangenheit und nur dadurch kann mein menschlicher Geist es bewusst betrachten. Die Handlungsaufforderung, meinen Kopf zu drehen, noch bevor ich den Menschen sehen konnte, kann nur aus der Unbewusstheit gekommen sein. Bewusstsein ist somit kein Akteur irgendeiner Handlung, denn Bewusstsein betrachtet das, was geschehen ist. Bewusstsein ist also eine handlungsleere Sphäre, die stets nur einen beobachtenden Charakter hat. Jede Handlung und jedes Ereignis müssen daher von der Unbewusstheit heraus initiiert worden sein. Jedoch kann es einen Menschen, der nur noch reines Bewusstsein besitzt, nicht geben, denn er kann keine Handlungen mehr ausführen. Der Grund zu leben, ist aber gerade das Ausführen der Handlungen aus dem Unbewussten. Nach meiner Erkenntnis ist Unbewusstheit eine unbekannte göttliche, oder dem Schöpfer eigene Sphäre und von ihrer Wirkung her sowohl dem Übel als auch der Liebe zuzuschreiben. Es ist die Ebene, aus der heraus sowohl schlechte Taten als auch Handlungen aus Liebe in die Welt gebracht werden. Das wird besonders in sehr schlechten Handlungen von Menschen deutlich, die morden oder vergewaltigen. Diese Menschen können die Taten vor ihrer Ausführung nicht bewusst erkennen. Sie handeln so, weil sie unbewusst sind, ihr „Auftrag" also aus der eigenen Unbewusstheit kommt. Auch nach dessen Ausführung kann diese Charaktereigenschaft noch so stark sein, dass diese Menschen weiterhin derartige Taten begehen. Handlungen aus Liebe können auch so stark sein, dass sie nicht beeinflussbar sind und sich unbedingt erleben müssen. Unbewusstheit äußert sich sowohl geistig in unbewussten Gedanken und körperlich in unbewussten Handlungen. Vor einiger Zeit fuhr ich vom Einkaufen in meine Wohnung zurück. Ich war auf der Vorfahrtsstraße unterwegs. Als ich kurz vor der

Einmündung einer Seitenstraße war, fuhr ein Auto quer über die Hauptstraße ohne die Vorfahrt zu beachten, ich konnte gerade noch rechtzeitig bremsen. *„Das gibt`s doch nicht, du dumme Kuh"*, schimpfte ich. Im Vorbeifahren sah sie mich an und hob ihre Hand zur Entschuldigung. Nach einigen Sekunden musste ich lächeln, denn ich hätte die Dame bestimmt nicht beschimpft, wenn ich in diesem Moment bewusst gewesen wäre. Mir wurde klar, wie meine Reaktion abgelaufen war. Meine Reaktion war spontan und muss deshalb aus meiner Unbewusstheit gekommen sein. In meiner Unbewusstheit lag der Zorn vor und in dieser Verkehrssituation konnte sich diese Charaktereigenschaft erleben. Das konnte ich nicht verhindern. Die Reaktion kam spontan und war mir nicht bewusst. Erst nachdem die Handlung der Frau und meine Reaktion geschehen waren, konnte ich beide betrachten. Bei der Charaktereigenschaft der Autofahrerin könnte es sich möglicherweise um Ignoranz gehandelt haben. In der Situation konnte diese sich erleben und auch der Fahrerin muss ein Verhindern unmöglich gewesen sein. Ihre Handlung war spontan und wurde deshalb aus der Unbewusstheit veranlasst. Erst nachdem sie ihre Handlung bewusst erkannt hatte, konnte sie ihre Hand zur Entschuldigung heben. Darin wird deutlich, dass sie eigentlich nicht tun wollte, was sie getan hat. Sie muss es unbewusst getan haben, sonst hätte sie sich hinterher nicht entschuldigt. So erleben sich die Charaktereigenschaften des Übels. Je mehr das Übel und auch die Liebe sich hierbei ausgelebt haben, umso mehr schwächen sie sich ab, tritt das Unbewusste zurück und umso mehr kann Bewusstsein entstehen, d.h. das bewusste Erkennen der von der

Unbewusstheit ins Gehirn gesendeten Gedanken. Bewusstwerden ist also eine Funktion der Reduzierung des Unbewussten und kann deshalb nicht aktiv herbeigeführt werden. Es ist stets eine Folge der Abschwächung und Auflösung der schlechten Charaktereigenschaften und der Liebe. Handlungen geschehen daher immer aus der Unbewusstheit heraus, weil es die einzige Sphäre ist, die die schlechten Charaktereigenschaften und die Eigenschaften der Liebe besitzt.

Gehirn richtig nutzen! -Wie Du Dein Potenzial entwickeln kannst – Prof. Dr. Gerald Hüther (Sept. 2022)

Am Ende seines Vortrages stellte Prof. Hüther eine Frage an ein beispielhaft zitiertes Radfahrerteam, das sich bei den Vorbereitungen für eine gemeinsame Radtour gestritten hatte:

„Wollt ihr den anderen zeigen, was ihr für Klugscheißer seid?" Das wollten die Teilnehmer nicht, *„dann solltet ihr anders miteinander umgehen",* so Prof. Hüther. Die Teammitglieder legten ihre Streitigkeiten bei und fuhren gemeinsam quer durch die USA. Die Menschen dieser Gruppe befanden sich an der geistigen Grenze von der Unbewusstheit zur Bewusstheit und hatten ihre Charaktereigenschaften (möglicherweise Hochmut, Rechthaberei) bereits zum Großteil abgelebt. Nur dadurch war es ihnen möglich, den Appell von Prof. Hüther zu erkennen, anzunehmen und ihm zu folgen. Die Abschwächung und die Auflösung des Übels treten nur dann ein, wenn das Übel ausreichende Taten seiner Charaktereigenschaften erlebt hat. Wann so etwas der Fall sein kann, ist für

mich nicht erkennbar, denn es scheint nur eine Richtung der Informationen zu geben, nämlich vom Unbewussten ins menschliche Gehirn aber nicht umgekehrt. Eine Annahme, dass es quasi eine Rückmeldung über die erfolgten Handlungen durch das Gehirn ins Unbewusste geben könnte, wie es sich manche Philosophen vorstellen, ist für mich nicht schlüssig. Denn welchen Sinn sollte das haben? Es müsste dann eine Art „Empfangsstation" im Unbewussten geben, die dann in der Lage wäre, ihr eigenes Unbewusstsein zu erkennen und auszuwählen, was in das weltliche Sein gesetzt werden soll. Das würde eine weitere Entscheidungsinstanz voraussetzen und das ist für mich nicht erkennbar. Ein Mensch, der sein Schicksal, seine „auftragsgemäßen" Erlebnisse durchlaufen hat und dessen Körper ein entsprechendes Alter erreicht hat oder entsprechend geschädigt ist, wird sterben, es sei denn, sein Schicksal besteht darin, zu leiden. Die Unbewusstheit (Übel und Liebe) benötigt keinen Körper, von dem bestimmte Handlungen nicht mehr ausgeführt werden können. Aufgrund gewalttätiger Charaktereigenschaften, kann das Übel seinen Körper so schädigen, dass er nicht mehr lebensfähig ist und stirbt. Das kann beispielsweise durch Herzinfarkt oder Gehirnschädigung geschehen. Hierbei möchte ich erneut deutlich machen, dass der Mensch kein eigenständiges, körperliches und geistiges Wesen ist und keine eigenen Entscheidungen trifft. Alle auszuführenden Handlungen kommen aus den unterschiedlichen Charakteren der Unbewusstheit. Sie liegen im menschlichen Gehirn als Gedanken vor und müssen vom menschlichen Geist umgesetzt werden. Der Körper ist ein vorübergehendes, zusammengefügtes lebendes System aus Materie. Er kann nur leben, weil die Unbewusstheit in ihm ist und ihn, das System Körper, leben lässt. Diese Unbewusstheit, das Übel und sein Gegenteil die Liebe, ist in Gott vorhanden, ist Teil von ihm, denn außerhalb vom Schöpfer kann es nichts geben. Alles, was ich in meinem Leben bisher erfahren habe, alles, was ich bei Bekannten, Verwandten, Kollegen und Freunden in ihrem Verhalten erlebt habe, sind Teile der beiden Seiten, Übel und Liebe. Es gibt nichts anderes. Je mehr sich das Unbewusste abschwächt, desto mehr entsteht Bewusstsein. Je mehr Bewusstsein entsteht, desto weniger Lebensaufgaben gibt es. Je weniger zu tun ist, desto mehr reduziert sich der Grund, zu leben. Je weniger Grund es zu leben gibt, desto mehr nähert sich der Mensch dem Tod. Aus der reinen Bewusstheit heraus kann also nichts mehr geschehen. Was sollte das Bewusstsein veranlassen? Es gibt keine Motive in ihm. Das soll nicht heißen, dass jeder Mensch, der gestorben ist, bewusst gewesen wäre. Die Mehrheit der Todesfälle geschieht aus anderen Gründen, wie vorher bereits erwähnt. Im weltlichen Sein ist alles, was geschieht, genau richtig, es kann schlecht oder gut sein, aber alles braucht einander. Doch da sich beide Seiten in ihrem gegenseitigen Erleben immer mehr abschwächen, werden sie sich am Ende auch auflösen. Damit ist dann auch der Grund für ein Bestehen des Lebens, der Welt und des Universums entfallen und alles wird sich auflösen, was ja auch im Sinne der Dualität so geschehen muss.

Die 7 schlechten Charaktereigenschaften

und deren Unterbegriffe, durch die alle Handlungen des Menschen im weltlichen Sein entstehen.

1.Hochmut

(Überheblichkeit, Eitelkeit, Arroganz, Rechthaberei, Stolz, Herablassung)

2.Geiz

(übertriebene Sparsamkeit, Habgier)

3.Wollust

(Genusssucht, Ausschweifung, Begierde, Laster)

4.Zorn

(Wut, Vergeltung, Rachsucht, Ärger, Jähzorn, Hass)

5.Völlerei

(Fresssucht, Schwelgerei, Gefräßigkeit, Maßlosigkeit und Unmäßigkeit, Selbstsucht)

6.Neid

(Missgunst, Eifersucht)

7.Trägheit des Geistes

(Faulheit, Verlust der Tatkraft, Ignoranz, Feigheit)

Durch Menschen werden sich stets unterschiedliche Eigenschaften im weltlichen Sein ausleben. Das beginnt bereits im Kleinkindalter, wo sich Geiz, Neid und Machtbedürfnis zeigen können.

Mit zunehmendem Alter werden sich diese Charaktereigenschaften möglicherweise etwas abgelebt haben und so kommen neue Eigenschaften wie Hochmut, Wollust, Völlerei und andere hinzu. Stets ist aber auch die Liebe dabei, die sich in Hilfen für andere Menschen ausdrückt. Liebe bildet die Unterstützung für den anderen bei dessen Ausleben seiner schlechten Charaktereigenschaften.

Moral

Von allen Menschen, mit denen ich bisher zu tun hatte, oder von denen ich gehört und gelesen habe, hat jeder erwartet, dass die Menschen Gutes tun müssten, das sei moralisch geboten. Böses zu tun wird als schlecht bewertet, wird abgewehrt und bestraft. Neueren Forschungsergebnissen zufolge hat diese Haltung in der weit zurückliegenden menschlichen Entwicklung ein erfolgreicheres Überleben gewährleistet. Das kann ich auch mit meinen Erkenntnissen durchaus vereinbaren. Allerdings halte ich Gutes und Böses ursächlich für Charaktereigenschaften der Unbewusstheit und sie begründen nicht eine übergeordnete Moral, die diese Charaktereigenschaften als positiv oder negativ bewertet. Das Abwehren und Bestrafen von Handlungen, die als schlecht erklärt worden sind, führe ich auf die im Übel vorhandenen schlechten Charaktereigenschaften der Rache, Vergeltung und Wut zurück. Sie können sich u.a. dadurch ausleben, dass Schlechtes, also Unmoralisches in die Welt gesetzt und erlebt wird. Strafgesetze sind nun dazu da, um Vergeltung und Rache auszuüben, gerechtfertigt durch die gesetzeswidrigen Handlungen der zu Bestrafenden. Aus meiner

Sicht kann es eine Moral, die nur das Gute beinhaltet und das unmoralische Schlechte verurteilt und zu unterdrücken versucht, nicht geben. In einer Welt, in der das Übel sich auslebt, gibt es kein moralisches Handeln, weil jedes Handeln lediglich in den unterschiedlichen Charakteren des Übels begründet ist. Moral besitzt selbst schlechte Charaktereigenschaften (Rache, Vergeltung) und kann daher nicht als ein über allem stehendes anzustrebendes Ziel begriffen werden. Das unmoralisch Schlechte gehört genauso wie das moralisch Schlechte zu den Charaktereigenschaften des Übels und muss deshalb ins weltliche Sein eingebracht und erlebt werden. Wäre Moral etwas Gutes, wäre sie ein Teil der Liebe und würde nichts Schlechtes tun können. Moral könnte dann nicht dazu auffordern, Vergeltung und Rache auszuüben.

Leid

Leid ist ein geistiger Ausdruck oder eine Empfindung aufgrund von körperlichen Defiziten, mangelnder Bedürfnisbefriedigung sowie dem Hinnehmen der Konsequenzen übler Handlungen (Charaktereigenschaft der Liebe). Eine Besonderheit des Leides entsteht durch die unterschiedlichen Charaktereigenschaften innerhalb der Unbewusstheit im Übel selbst. So kann z.B. dem Bedürfnis nach Macht der Zorn gegenüberstehen, was zu Rache und Vergeltung führen kann. Der unterlegene Charakter leidet im Zorn darunter, dass er seine Charaktereigenschaften nicht ausleben kann, weil ein anderer Charakter stärker ist. Ein solches Leid kann deshalb nicht Teil der Liebe sein, weil Zorn keine Charaktereigenschaft der Liebe, sondern Teil der Charaktereigenschaft des

Übels ist. Leid kann über Generationen hinweg ausgelebt werden. So können bereits bei einem ungeborenen Kind körperliche oder geistige Störungen als vererbte Eigenschaften vorhanden sein. Diese Eigenschaften sind in den Motiven des Übels vorhanden.

Sie werden einerseits durch elterliche schlechte Handlungen, andererseits auch erst im werdenden Kind weltlich erzeugt, ohne dass dabei die Eltern schlechte Handlungen im Zusammenhang mit der Zeugung ausüben. Der Verursacher allen menschlichen Handelns ist stets das Übel. Wenn ein Mensch leidet, dann leidet ursächlich sein unbewusster Teil der Liebe. Sie überträgt ihr Leid in den menschlichen weltlichen Geist als leidvolle Empfindung und lebt damit ihr Leiden im weltlichen Sein aus. Leid geschieht daher auch ohne körperliche Verletzung. Leiden entsteht durch das Zulassen und Erdulden der schlechten Handlungen des Übels, es ist somit eine Charaktereigenschaft der Liebe.

Schuld

Eine neue Bewusstseinskultur mit Thomas Metzinger (YouTube-Video): Für jede bewusste Handlung gibt es einen unbewussten Vorläufer. Würde des Menschen generell nicht mehr haltbar (global betrachtet).

(Prof. Thomas Metzinger über Willensfreiheit und Schuld)

Die Würde des Menschen ist unantastbar. Sie zu achten und zu schützen ist Verpflichtung aller staatlichen Gewalt.

Jeder hat das Recht auf die freie Entfaltung seiner Persönlichkeit, soweit er nicht die Rechte anderer verletzt und nicht gegen die verfassungsmäßige Ordnung oder das Sittengesetz verstößt. (Grundgesetz Deutschland)

Durch die Verletzung der Grundrechte entsteht Schuld. Schuld ist eine geistige Vorstellung, die aus einer eigenen schlechten Handlung und deren Folgen entsteht, verbunden mit der vermeintlichen persönlichen Verantwortung dafür. So hat die Vorstellung Schuld reflexartig die Einsicht zur Folge, für die eigene schlechte Handlung büßen zu müssen, eine Strafe zu erhalten. Es ist eine Anschauung der meisten Menschen, dass jede schlechte Tat bestraft und gesühnt werden muss, da es sonst keinen Frieden geben kann. Dazu wurde in Demokratien das Strafgesetz entwickelt. Schuld wird demjenigen zugeordnet, der für Taten aus den schlechten Charaktereigenschaften verantwortlich gemacht wird. Schlechte Taten werden bestraft. Diese Strafen werden ebenso aus den schlechten Charaktereigenschaften der Unbewusstheit veranlasst. Die Liebe kann nicht der Verursacher von Strafen sein, denn sie ist die Charaktereigenschaft, die das Ausleben des Übels ermöglicht. Die Liebe trägt keine schlechten Charaktereigenschaften in sich. Deshalb kann auch Reue nur aus den schlechten Charaktereigenschaften begründet werden, denn durch Reue wird Leid erzeugt. Die Liebe hat die Taten des Übels ermöglicht und kann sie deshalb nicht gleichzeitig bereuen. Ein Schuldgefühl entsteht nicht bei Menschen, deren Motiv besonders stark ausgeprägt ist, wie bei einem Mörder. Dessen starke schlechte Charaktereigenschaft lässt eine Schuldeinsicht nicht zu. Um die Konsequenzen seiner schlechten Handlungen zu vermeiden, werden Lüge und Täuschung eingesetzt. Auch wenn damit äußere Folgen vermieden werden können, führt dies dennoch zu persönlichen Konsequenzen, indem der eigene menschliche Geist so belastet werden kann, dass er selbst krank wird. Das kann sich dann in Psychosen, Depressionen oder anderen seelisch- geistigen Krankheiten äußern. Aber auch körperliche Beschwerden können die Folge sein, wie z.B. Herzinfarkt oder Schlaganfall. Die schlechten Taten des Übels, wie z.B. die Schädigung eines Kindes durch einen anderen Menschen, ermöglichen auch das Erleben weiterer übler Charaktereigenschaften wie Rache und Zorn der Eltern. Im schlechten Vorgang selbst hat die Liebe sich in den Geist des Kindes eingebracht und dem Übel seine Handlungen am kindlichen Körper und Geist ermöglicht und erlaubt. Darunter erleidet und erduldet die Liebe im Kind selbst das Leid und die Schmerzen. Hierzu verweise ich erneut darauf, dass alle schlechten Handlungen aus der Unbewusstheit, dem Übel veranlasst werden. Es gibt daher keine vom weltlichen menschlichen Geist ursächlich zu verantwortenden Handlungen, denn dieser ist lediglich der Umsetzer der schlechten Charaktereigenschaften aus der Unbewusstheit ins weltliche Sein. Im tiefsten Sinne gibt es also keine Schuld, weder beim Menschen noch beim Übel, weil es zum Übel keinen Ankläger und keinen Richter gibt.

Die Kreuzigung Jesu

Die Kreuzigungsberichte über Jesus Christus stimmen vollkommen mit den Gebräuchen und Praktiken der Römer jener Zeit überein. Anerkannte heutige Forscher lassen keinen Zweifel

daran, dass Jesu furchtbarer und schmerzvoller Tod bewiesen ist. Der einzige Streitpunkt ist das Wesen und der Charakter des Verbrechers Jesus Christus. Schauen Sie sich darum den Bericht selbst an. In all seinem Leiden dachte Jesus viel mehr an andere als an sich. Seine ersten Worte am Kreuz waren: Vater vergib ihnen, denn sie wissen nicht, was sie tun (Lukas 23,34). Er dachte an seine Mutter, die weinend neben dem Kreuz stand, und bat seinen geliebten Jünger Johannes, für sie zu sorgen. Zu beiden Seiten Jesu wurden zur gleichen Zeit zwei Räuber hingerichtet. Als der eine Jesus als Herrn anerkannte, sagte Jesus zu ihm: Heute noch sollst du mit mir im Paradies sein (Lukas 23,43). Schließlich drückte Jesus seine vollkommene Hingabe in den Willen Gottes aus, als er sagte: Es ist vollbracht (Johannes 19,30), und: Vater, in deine Hände begebe ich meinen Geist (Lukas 23,46).
(Quelle: allaboutjesuschrist.org/german)

Lukasevangelium

Lukas ergänzt, dass die Sonne aufgehört habe (griech.: εκλείπειν), was auf das Sonnenlicht zu beziehen ist, das anscheinend fehlte. Ekleipein ist der übliche Begriff für eine Sonnenfinsternis. Der Mehrheitstext, viele alte Textzeugen und wohl auch Origenes überliefern das Wort eskotistä (εσκοτίσθη): Die Sonne „wurde verfinstert". Auch bei Lukas wird die Finsternis darüber hinaus nicht explizit gedeutet. Dass aber die Macht der Finsternis am Werk ist, wird vom Evangelium *bereits bei Jesu Verhaftung (Lk 22,53) in seinem Wort an die Machthabenden ausgedrückt: Dies ist eure Stunde und die Vollzugsgewalt (εξουσία) der Finsternis. Der doppelte Stichwortanschluss ist offensichtlich. Damit habe Jesus die sichtbare Verfinsterung angekündigt. Indem Lukas das Zerreißen des Tempelvorhangs neben die Finsternis stellt (obwohl seine Quellen Ersteres kurz nach Jesu Tod ansetzen), schafft er eine implizite Interpretation für beides:*

So wie die Finsternis den Tag in zwei Hälften reißt, reißt der (innere) Vorhang im Tempel in zwei Hälften. Während draußen die Finsternis regiert und das Gericht Gottes über Jesus ergeht, öffnet sich drinnen der Zugang zu Gottes Gegenwart. Beides hat universelle Bedeutung. Der Evangelist habe die Finsternis für „ein kosmisches Zeichen" gehalten, „das die Wichtigkeit des Todes des Messias Israels unterstreicht" und weniger dessen Sinn. Sie habe sich nach der Vorstellung des Lukas wahrscheinlich über die ganze bewohnte „Erde" (γή) erstreckt, denn der Evangelist wolle durch seine beiden Bücher, Lukas und Apostelgeschichte, die Bedeutung Jesu für die ganze Welt erweisen. Hingegen verstehen sowohl Keener als auch Liefeld „Land" im lokalen Sinn als Bezeichnung für Israel oder Judäa (ebenso das Petrusevangelium, 15).

(Quelle: Wikipedia)

Die Beschreibung der Kreuzigung Jesu und die nachfolgenden verschiedenen Erklärungen und Deutungen seines Todes halte ich sinngemäß für zutreffend. Es ist für mich schlüssig, dass damit das

Übel, das sich die Welt untertan macht, symbolisch gemeint sein muss. In der Kreuzigung selbst und in allen damit zusammenhängenden vorausgehenden Handlungen und Absichten wird das Übel mit all seinen schlechten Charaktereigenschaften sichtbar. Jesus Aussage am Kreuz: „Es ist vollbracht" bezieht sich meines Erachtens darauf, dass das Übel und alles, was in ihm an schlechten Charaktereigenschaften ist, sich nun erleben kann, dass es keine Bedingungen und Begrenzungen für das Übel gibt. Gleichzeitig scheint Jesus kurz vor seinem Tod die Erkenntnis bekommen zu haben, dass sich das Übel am Ende auflösen wird, als er sagt: „Vater, in deine Hände begebe ich meinen Geist". Das bedeutet, dass sich sein Geist in den Zwängen der Unbewusstheit als Liebender befunden haben muss, der sich nach deren Auflösung selbst in Gott auflösen wird.

Tod

Im weltlichen materiellen Sein ist der Tod das sich Zurückziehen des göttlichen Geistes aus dem Körper. Das kann aufgrund des körperlichen Alters geschehen, wegen Krankheit, Unfall, Gewalt und aus anderen Gründen. Grundsätzlich strebt alles weltliche Sein seiner Auflösung zu, es wurde so erschaffen. Deshalb ist der körperliche Tod die Folge dieser Auflösungsbestrebung. Es stirbt nicht das ihn bewegende göttliche geistige Unbewusste, sondern der von Gott erschaffene Körper mit seinem menschlichen Geist. Es gibt kein Leben nach dem Tod. Weil Leben aus Körper, Geist und Teilen der Unbewusstheit besteht, löst sich diese Verbindung mit dem Sterben des Körpers zwangsläufig auf.

Was ist ein Held?

Jemand, der sich besonders mutig oder erfolgreich für andere oder für eine Sache einsetzt oder bei einem Einsatz umkommt. - Dieser Held rettete seine Frau und Kinder aus dem brennenden Haus. - In der Novelle Lenz ringt der Held ausdrücklich um die religiöse Sinngebung seines Leids. - Man spricht von unseren gefallenen Helden des Krieges.
(Quelle: Wikipedia)

Ein Held wird von den meisten Menschen als ein guter Mensch gewürdigt. Ein Held schützt andere Menschen oder Lebewesen vor Leid, Schmerzen oder Tod. Er muss dabei allerdings auch zu schlechten Charaktereigenschaften greifen und dem Leid auslösenden Täter Schmerzen zufügen oder ihn gar töten, um damit das Leben anderer zu retten. Im Geist des Helden werden die Spannungen zwischen der Liebe und dem Übel deutlich und diese können seinen eigenen Körper oder seinen Geist schädigen.

Was ist der Mensch?

Nach meinen Erkenntnissen stelle ich fest, dass zweierlei Bestandteile zum Begriff Mensch führen:

Erstens: Der weltliche lebende menschliche Körper. Der menschliche Körper ist das weltliche biochemische, physikalische und materielle System, das Handeln, Sprechen und andere Kommunikationsformen zwischen Lebewesen, wie beispielsweise zwischen Mensch und Tier ermöglicht.

Zweitens: Der menschliche Geist, der weltliche Erscheinungsformen besitzt. Er erhält von einer individuellen Unbewusstheit aus einer geistigen Ebene unbewusste Informationen. Sie äußern sich in bestimmten weltlichen Handlungen und in bestimmtem Verhalten. Hinzu kommt noch eine ebenfalls individuelle menschliche geistige Eigenschaft, nämlich die der Bewusstheit, die jedoch nicht mehr zu Taten und Handlungen führt. Bei der Betrachtung eines Menschen besteht der Mensch zunächst aus seinem lebenden individuellen Körper. Mehr als diese weltliche körperliche Erscheinung kann ein anderer Mensch mit seinen körperlichen Sinnen nicht erkennen. Mit dem gegenseitigen Anschauen, Sprechen und Anhören, die zunächst nur körperliche Aktivitäten sind, entsteht jedoch auch eine andere Wahrnehmung. Es entwickeln sich Zuneigung, Abneigung, Auseinandersetzungen und Konflikte, auch ein Miteinander und gegenseitige Unterstützung. Diese Interpretation der Wahrnehmung kann jedoch nicht mehr eine körperliche Empfindung sein, es fehlen die entsprechenden Sinnesorgane dafür. Die Interpretation derartiger menschlicher Verhältnisse muss also in einem individuellen menschlichen Geist entstehen. Wie bereits beschrieben, entstehen Verhaltensweisen und Handlungen nur dann, wenn aus der Unbewusstheit entsprechende Informationen ins menschliche Gehirn transferiert werden, weshalb die o.g. Interpretationen bereits im Unbewussten vorliegen müssen. Das bedeutet, dass z.B. meine Reaktion auf das Verhalten anderer Menschen aus der Unbewusstheit kommen muss, weil in ihr die charakterliche Interpretation vorliegt. Mein menschlicher Geist ist stets lediglich Empfänger und Ausführender von

Handlungsaufforderungen aus der Unbewusstheit. Die Unbewusstheit ist die geistige Ebene, aus der heraus individuelle Informationen ins menschliche Gehirn eingebracht werden. Sie bringt ihre Charaktereigenschaften in einer Kombination aus beiden (Übel und Liebe) als Informationen in das menschliche Gehirn ein. Der menschliche Geist veranlasst dann über das Gehirn entsprechendes körperliches Handeln. Das ist das, was Menschen tun und was bei anderen Menschen beobachtbar ist. Die Vorstellung von Menschen, dass sie selbst die Handlungsentscheidungen getroffen haben, ist deshalb so nicht richtig. Dennoch ist diese Vorstellung der eigenen Handlungsfreiheit bereits in der Unbewusstheit vorhanden und wird als Information ins menschliche Gehirn transportiert. Der menschliche Geist übersetzt sie als Gedanken und lässt sie dann als Worte vom Körper aussprechen. Auch hierbei wird mir deutlich, dass die Vorstellung, der Mensch sei frei in seinem Denken und Handeln, von den Charaktereigenschaften der Unbewusstheit gesteuert sein muss. Diese Vorstellung ist eine geistige Sichtweise, die ich den schlechten Charaktereigenschaften des Übels unterstelle. Somit ist für mich erklärt, dass es keinen eigenständigen und freien Menschen geben kann. Der Mensch besteht lediglich aus menschlichem Körper und menschlichem Geist und ist Ausführender im Sinne der Unbewusstheit.

Menschliches Verhalten

In der tierischen Natur ist das Töten anderer Lebewesen notwendig, um das eigene Überleben zu ermöglichen. Niemand würde darin eine strafbare Handlung sehen. Auch Schlächter

(Massentötung im Schlachthof), Metzger oder Fischer töten Lebewesen. Dabei wird kein Gesetz gebrochen. Im Gegenteil, das massenhafte Halten und Töten von lebenden Tieren wird auch noch durch staatliche Subventionen gefördert. Selbst das Verstümmeln, Krankmachen und Töten von Tieren zu wissenschaftlichen Zwecken wird nicht nur finanziell unterstützt, sondern häufig als notwendiges Übel angesehen, ohne deren Ergebnisse Menschen leiden oder gar sterben müssten. Hinzu kommt das Züchten von Tieren, die von ihrer naturgegebenen Entwicklung und Umgebung herausgenommen werden. Andere Menschen wollen das Leid verringern oder gar verhindern und setzen sich für Schadensbegrenzung und -vermeidung durch Aufklärung und Hilfsangebote ein. Sie kritisieren die Massentierhaltung und das erbarmungslose Abschlachten von sogenannten Nutztieren und fordern bessere Kontrollen in den Schlachthöfen und in der Tierhaltung. Doch bleibt das Töten bestehen. Es soll nur humaner, für das Tier mit weniger Leid und Schmerz verbunden sein. Anders verhält es sich, wenn Menschen andere Menschen gefährden, schädigen oder töten. Dann werden die Täter in Demokratien zu lebenslangen Haftstrafen oder gar mit dem Tod bestraft. Es ist das vom Unbewussten geschaffene Gesetz, mit dem wieder schlechte Charaktereigenschaften wie Rache und Vergeltung erlebt werden. Ich habe von Menschen gelesen, die meinten, es müssten die Menschen doch nur aufgeklärt werden, was gut und was schlecht ist. Dann sollten sie selbst erkennen können, dass sie nur Gutes zu tun brauchen, um eine friedliche Welt herbeizuführen. Der Mensch kann jedoch nach den vorangegangenen Beschreibungen kein freies und selbständiges Wesen mit selbstbestimmter Lebensweise sein. Das steht im extremen Widerspruch zum Strafrecht in Demokratien. Deren Rechtsprechung beruht darauf, dass ein Täter frei und ohne Zwang handelt. Es sind zwar niedere Motive, jedoch selbstbestimmt und deshalb ist er verantwortlich für seine Taten und kann bestraft werden. Menschen, die psychisch krank sind und während ihrer Krankheit Straftaten begehen, werden auch verurteilt. Jedoch werden sie aufgrund ihrer Krankheit, die eine Unfreiwilligkeit unterstellt, nicht als Schuldige wie bei angeblich frei handelnden Tätern bewertet. Sie werden in besonderen Unterkünften eingesperrt und entsprechend ihrer Krankheit behandelt. Beim Klimawandel wird für mich deutlich, dass es für diktatorische Machthaber nicht wichtig ist, den CO_2- Ausstoß ihrer Industrien und anderer Emittenten in ihrem Staat zu reduzieren. Diese Diktatoren haben andere Aufgaben (Schicksale) in der Welt umzusetzen, was sie erkennbar auch tun. Weiterhin sehe ich, dass die Verschmutzung der Meere durch Plastik oder eingeleitete Giftstoffe und Abfallprodukte nicht reduziert oder gar gestoppt wird. Die Verschmutzer sind nicht in der Lage, ihre Produktionsweise zu ändern oder aufzugeben, denn ihre Existenz oder ihr Wohlstand hängen davon ab. Es wird ihnen gar nicht bewusst, was sie tun und damit anrichten, denn es handelt sich um die sich auslebende Unbewusstheit. Auch bei Einzelbeobachtungen stelle ich fest, dass Raucher die Umwelt schädigen, indem sie ihre Zigarettenkippen in Gewässern oder auf Erd- und Straßenflächen entsorgen. Einem brasilianischen Präsidenten war die Abholzung der Regenwälder seines Landes wichtig für den eigenen Profit und für den Profit der ihm nahestehenden und ihm zustimmenden Menschen. Um diese Gier ging es, sie musste erlebt werden. Dabei wurden vielen Menschen und der Natur Schaden zugefügt. Es sind die schlechten Auswirkungen der ebenso schlechten Charaktereigenschaften des Übels. Nur wenn die Gier sich erfahren kann, wird sie sich ableben und ohne diesbezügliche Opfer im Sinne des Zulassens durch andere Menschen (und der Natur), wäre das nicht möglich. Wie soll ich einem Mörder erklären, dass das, was er tut, sehr schlecht ist und er es nicht tun darf. Auch wenn ich es ihm sagen würde, wird er trotzdem Menschen (oder andere Lebewesen) umbringen, denn in seinem Geist steht der „Befehl" aus der Unbewusstheit, zu töten. Er kann lediglich handeln, aber die Bedeutung seines Tuns nicht erkennen. Ich kann also gar nicht erwarten, dass Menschen damit aufhören würden, sich selbst, andere Menschen sowie Tiere, Natur und Umwelt zu schädigen, wenn man nur die entsprechenden Appelle an sie richten würde. Die Einsicht für diese Notwendigkeit kann möglich werden, wenn sich in diesen Menschen die Unbewusstheit stark abgeschwächt hat.

Dann besteht die Möglichkeit, dass nur noch ein Hinweis genügt, um sie erkennen zu lassen, was sie getan haben. Dieses Bewusstwerden und die vorausgehende Reduktion des Unbewussten werden sie zukünftig von solchen Taten nicht nur abhalten, sie werden sie nicht mehr in sich tragen. Dennoch kann das Ergebnis dieser Überlegung nicht absolut sein, denn es muss Übergänge vom Unbewussten zum Bewussten geben, weil sich das Unbewusste durch die eigenen Erlebnisse zwar reduziert aber nicht plötzlich verschwindet. Es ist auch der Fall denkbar, dass sich der angesprochene Mörder an einem solchen Übergang befindet und sich deshalb durch meine Worte beeinflussen lässt. Bei den meisten Menschen dürfte ein solch reduzierter Level der Unbewusstheit noch nicht erreicht sein. Das erkenne ich an den weltweit beobachteten Verhaltensmustern. Die Menschen können mit o.g. Appellen nichts anfangen, weil ihre Charaktereigenschaften zu stark sind und diese sie genau das tun lassen, was sie gerade tun. Zum obigen Beispiel des Mörders würden wohl 99% aller Mörder, denen ich ihr schlechtes Tun erklären wollte, um ihre Unbewusstheit zu reduzieren, nichts mit meinen Aufforderungen anfangen können. Sie würden die Bedeutung ihrer Taten nicht erkennen, denn ihre Unbewusstheit ist zu stark. Sie müssen ihr Schicksal erleben. Ich denke zurück an meine Jugend und an mein mittleres Alter. Wie gerne würde ich mit meiner heutigen Sichtweise in die Vergangenheit zurückkehren und all die seelischen Verletzungen, die ich anderen Menschen zugefügt habe, in etwas Gutes wandeln. Ich würde mich dann viel mehr um meine Eltern kümmern und ihnen ihr Leben erleichtern oder die Schädigungen an meinem eigenen Körper zurücknehmen. Doch leider ist dies nicht möglich und je mehr ich darüber nachdenke, umso richtiger erscheint mir meine Vergangenheit gewesen zu sein. Denn heute haben sich meine schlechten Charaktereigenschaften weitgehend reduziert und ich kann erst deshalb über meine Vergangenheit auf diese Art reflektieren. Wie wäre das auch möglich, dass ich in meiner Welt, in die ich geboren wurde, nur Gutes tue? In einer Welt, die überhaupt nur wegen des Übels von Gott geschaffen worden ist, muss sich das Übel ausleben. Denn nur wenn sich das Übel ausleben kann, wird es sich auch ableben und sich am Ende auflösen. Deshalb waren meine vergangenen Handlungen zwar schlecht, jedoch genau richtig und notwendig, weil vom Übel in meine Welt gebracht. Und schließlich mussten auch meine Eltern ihr Leid durchleben, denn das war ihre Aufgabe, so wie es die Aufgabe all der anderen Menschen war, mit denen ich zu tun hatte. So ist es bei allen Menschen, jeder hat seine Aufgaben zu erfüllen. Das sind, jeweils in unterschiedlicher Ausprägung im Menschen vorhandene übelbehaftete und/oder opferhaltige Schicksale. Es gibt unterschiedlich große Anteile der Liebe und des Übels im Menschen. Nicht möglich sind 100% zu 0%, da weder die eine Seite alles Leben ausfüllen kann, noch ein gänzliches Fehlen der anderen Seite möglich ist. Etwas Vollkommenes gibt es nicht in der Welt. Alles weltliche Handeln ist eben Teil der von Gott geschaffenen Dualität. Der menschliche Körper ist das von der Unbewusstheit belebte System, das Charakteren der Unbewusstheit das weltliche Erleben ermöglicht. Dieses System verschwindet nach Auflösung aller schlechten Charaktereigenschaften. Ebenso verschwindet das Universum, die Welt und alles materielle Sein, die ausschließlich für diesen Zweck vom Schöpfer erschaffen wurden. Freiheit und Unabhängigkeit sind ausschließlich Attribute des Übels, die ihm von Gott zugesprochen wurden. Es kann im weltlichen Sein alles tun, was es will.

Es ist frei und unabhängig, weil es vom Schöpfer keinerlei Einschränkungen auferlegt bekommen hat.

Vollkommenheit

Die Vollkommenheit ist die Wahrheit. Nur sie ist unveränderlich und ewig.

Unvollkommen ist somit der aktuelle göttliche Geist, denn er ist in Veränderung begriffen.

Unvollkommenheit drückt sich durch das Vorhandensein von Motiven, den Charaktereigenschaften des Übels und der Liebe aus. Vollkommenheit entwickelt sich durch die Veräußerung der im noch Unvollkommenen vorhandenen Motive. Die Motive gelangen in die weltlichen Körper und in den weltlichen Geist. Das Motiv ist das Veranlassende, das Leben Schaffende und den Lebenden Bewegende. Die Motive werden im Wirken des Lebenden umgesetzt und sichtbar. Durch die Veräußerung und dem Selbsterleben der Motive tritt deren Abschwächung und am Ende deren Auflösung ein. Vollkommenheit kann nicht durch aktives Handeln erschaffen werden. Dazu bräuchte es wieder Motive, die dies veranlassen würden. Vollkommenheit entsteht gerade durch das Fehlen jeglicher Motive. Jedes im ständigen Wandel sich verändernde Sein und die damit verbundenen Motive müssen daher der Auflösung zustreben. Gottes Vollkommenheit entsteht durch die schöpferische weltliche Entäußerung seiner, in ihm selbst befindlichen Motive. Nichts kann es außerhalb von Gott geben. Deshalb muss er als Inhaber seiner Motive (Charaktereigenschaften des Übels) auch der Schöpfer ihrer Entäußerung sein. Nur er kann mit der Erschaffung des weltlichen Seins die Grundlagen für die Entäußerung seiner Motive geschaffen haben. Nichts anderes als dies zu erschaffen war notwendig und deshalb gibt es auch keinen anderen Grund für die Existenz des weltlichen Seins (Körper und menschlicher Geist). Der weltliche menschliche Geist ist somit der sich in das weltliche Sein entäußernde und mit Motiven behaftete göttliche Geist. Er drückt sich in jedem individuellen körperlichen Leben mit Anteilen seiner Motive im menschlichen Geist aus. Allein mit der Entäußerung seiner Motive ins weltliche Sein und der Durchdringung allen Lebens könnten sich seine Motive nicht erleben und würden in ihm erhalten bleiben. Die Schöpfung muss etwas beinhalten, das Handlungen der Motive ermöglicht. Es ist das Gegenteil der schlechten Charaktereigenschaften des Übels, nämlich die Liebe. Die Liebe ist die ermöglichende, erlaubende und erleidende Charaktereigenschaft für alle Handlungen des Übels. Sie ermöglicht dem Übel erst das Erleben seiner Motive, indem sie entsprechendes Leben zur Verfügung stellt. Die Liebe ist das Motiv der Opferbereitschaft und der Annahme des Übels. Somit ist zur Erfüllung der Bedürfnisse des Übels eine Schöpfung aus dem weltlichen Sein und der Liebe gebildet worden. Das Wesentliche des sich vollendenden göttlichen Geistes besteht darin, dass er sich seiner Motive nicht durch einen gewaltsamen Akt der Befreiung entledigen kann, denn das würde wieder ein Motiv verlangen. Seine üblen Motive erfahren sich selbst ohne jede Bedingung durch seine Liebe. Da die Motive des göttlichen Geistes der Grund für die Schöpfung des weltlichen Seins sind, können alle Handlungen, alles Erleben und Denken und alles Reflektieren eines jeden Menschen nur durch diese Motive begründet sein. Nichts anderes gibt es in der Welt. Aus diesen Betrachtungen entstand meine Erkenntnis, dass es nichts außerhalb des Schöpfers geben kann, weil alles weltliche körperliche und geistige Sein aus den entäußerten Motiven (schlechte Charaktereigenschaften und die Liebe) des Schöpfers selbst besteht. Jedes menschliche Verhalten und jeder im Menschen entstandene Gedanke reflektiert die Motive des Schöpfers selbst. Am Ende werden sich alle Motive und Charaktereigenschaften, die sich in Gott befinden, aufgelöst haben und die Vollkommenheit wird entstehen.

Aktuelle Situation

Die Welt, in der wir heute, im Jahr 2024 leben, verändert sich in drastischer und dramatischer Weise.

Die Krankenzahlen steigen und die Anzahl der Toten nimmt weltweit zu. Nicht nur die der Menschen, sondern die aller Lebewesen. Schätzungen gehen davon aus, dass täglich mehr als hundert Arten unwiederbringlich sterben. Insgesamt verschlechtern sich die Lebensgrundlagen und die Lebensqualität der Menschen. Wissenschaftler bestimmen sogenannte Kippunkte, nach denen es keine Umkehr mehr gibt.

Drei Beispiele, an denen diese Verschlechterung deutlich wird.

Zum Ersten ist im weltweiten Durchschnitt die Temperatur der Erdatmosphäre bereits um mehr als 1Grad Celsius angestiegen, Gletscher und polare Eismassen schmelzen. Durch die damit freigelegten dunkleren Landflächen wird die Erwärmung nochmals beschleunigt, da dunklere Flächen die Sonnenenergie stärker aufnehmen können. Die Meere erwärmen sich immer stärker und der Meeresspiegel steigt. Es sind bereits viele Inseln vom Meerwasser überflutet und somit ganze Regionen unbewohnbar geworden. Der Zuwachs an Energie in der Atmosphäre und im Wasser führt zu extremen Wetterereignissen, die bereits tausende Menschen das Leben kostete und Schäden von hunderten von Milliarden Dollar verursacht haben. Das Schmelzwasser der Eismassen führt auch zu einer geringeren Salzkonzentration in den Meeren, was negative Auswirkungen auf die Meeresflora und den davon abhängigen Tieren hat. Durch die steigende Temperatur werden große Teile des Permafrostbodens, der rund ein Viertel der Nordhalbkugel bedeckt, freigelegt. Dadurch kommt es zu einer massiven Entweichung von Methan, das bisher im gefrorenen Boden gebundenen war, in die Atmosphäre, was wiederum als Multiplikator zur weiteren Erwärmung beiträgt. Neue wissenschaftliche Studien deuten auf eine Verschärfung des Klimawandels hin. Hier bildet sich ein Teufelskreis, der bald nicht mehr gestoppt werden kann.

Zum Zweiten führt die Verschmutzung der Luftmassen durch Verkehr, Industrie, Landwirtschaft, Hausbrand (Verbrennen fossiler Energieträger) und Explosivstoffe (z.B. aus Kriegen oder auch Silvester Feuerwerk) zur weltweiten Vergiftung der Atemluft. *Studien zufolge hat die Luftverschmutzung mit Feinstaub allein im Jahr 2019 zu 6,67 Millionen vorzeitigen Todesfällen geführt. Die winzigen Teilchen mit einer durchschnittlichen Partikelgröße von nur 2,5 Mikrometern (PM 2,5) können über die Atemluft bis in die Lungenbläschen gelangen und schwerwiegende Schäden anrichten, darunter Erkrankungen der Lungen und des Herz-Kreislauf-Systems. Nach bisherigen Erkenntnissen gibt es keinen sicheren Schwellenwert, unterhalb dessen die Belastung keine Schäden* *verursacht.*

(Quelle: Wenhua Yu Monash University, Melbourne, Australien)

Zum Dritten werden die Wassermassen durch direkte Einleitung von schadstoffhaltigen Substanzen in Flüsse, Seen und Meere immer mehr vergiftet. Die vorhandenen Kläranlagen sind nicht mehr in der Lage, alle Schadstoffe aus dem Schmutzwasser herauszufiltern. Die Entsorgung von Abfallprodukten (einschließlich Kriegswaffen) in die Weltgewässer führt ebenfalls zur weiteren Vergiftung des Wassers. Schließlich sammeln sich auch immer mehr Giftstoffe aus Landwirtschaft und Abfalldeponien im Erdreich und Grundwasser an.

Nach Schätzungen der Vereinten Nationen entsorgt der Mensch pro Jahr rund 400 Millionen Tonnen Schadstoffe in Seen, Flüsse und Meere – darunter Abertausende Chemikalien, Nährstoffe, Plastik, giftige Schwermetalle, Arzneimittel, Kosmetikprodukte, Krankheitserreger und vieles andere, was dem Menschen nutzt, frei in der Umwelt aber Schaden anrichten kann. Spuren dieser steten Dauerbelastung sind mittlerweile in allen Regionen des Weltozeans zu finden – auf entlegenen Inseln und in den Polarregionen ebenso wie in den tiefsten Meeresgräben. Besonderen Schaden richten jene Stoffe an, die sich in der Nahrungskette anreichern – und auf diese Weise sowohl für die Meeresbewohner als auch für den Menschen zur echten Gefahr werden. (s.a. Nachhaltigkeitsbericht 2022 der Vereinten Nationen)

Hinzu kommt, dass politische Eliten diese menschengemachten negativen Einflüsse auf die weltlichen Lebensbedingungen leugnen oder nicht verstehen. Deshalb werden keine politischen Vorgaben und Gesetze verabschiedet, die eine wirksame Verbesserung zur Folge hätten. Solche Politiker werden in manchen Staaten von sehr vielen Staatsbürgern unterstützt, was bei anderen Bürgern für Unverständnis sorgt und zur Bildung gegensätzlicher Lager führt. In vielen Ländern der EU werden die aktuellen Regierungen kritisiert und die rechtsradikalen Parteien gewinnen an Zulauf. Außerdem scheinen sich den Menschen, die vor den kommenden Katastrophen warnen, kaum noch Entscheider mit ähnlicher Auffassung anzuschließen. Leid und Elend vieler Menschen werden in den nächsten Jahrzehnten noch wesentlich stärker zunehmen. Der vielzählige Tod und die sich immer weiter ausbreitenden Krankheiten bei Menschen und anderen Lebewesen werden von den Verursachern nicht beachtet. Sie bemerken es nicht oder es interessiert sie nicht und wenn doch, können sie offensichtlich kaum etwas dagegen tun. In Diskussionen, die von öffentlichen Medien ausgestrahlt werden, spricht man davon, dass die Menschheit sich falsch verhält und die Menschen sich ändern müssen. Doch die gesamte Menschheit ist nicht der Verursacher der globalen Krisen, es sind höchstens 20% aller Menschen, wenn man das Paretoprinzip (Wikipedia) anwenden darf. Die anderen 80%, die nicht Verursacher sind, erleiden die Auswirkungen. Bei genauerer Betrachtung sind diese 80% aller Menschen allerdings nicht nur Opfer, sie zeigen selbst auch schlechte Charaktereigenschaften. Die Auswirkungen beim Ausleben ihrer schlechten Charaktermerkmale sind jedoch räumlich begrenzt und betreffen lediglich ihr persönliches Umfeld. Die oben genannten Beispiele beziehen sich auf die Auswirkungen menschlicher Handlungen auf globaler Ebene. Sie betreffen alle Menschen und Lebewesen dieser Erde. Jedoch müssen auch die lokal begrenzten Handlungen der Menschen wie Kriminalität, seelische und körperliche Verletzung und schließlich die Schädigung des eigenen Körpers wie Suizid betrachtet werden: Die WHO hat zusammen mit der International Association for Suicide Prevention (IASP) den 10. September zum Welttag der Suizidprävention erklärt. Neben seelischen Störungen können auch übermäßiger Stress, finanzielle Probleme, schwere Erkrankungen und familiäre Konflikte zu den Faktoren zählen, die eine Suizidabsicht begünstigen. Laut Schätzungen der WHO begehen jährlich weltweit mehr als 700000 Menschen Suizid. In Deutschland nahmen sich 2019 mehr als 9000 Personen das Leben. Damit starben hierzulande fast dreimal so viele Menschen durch Suizid wie durch Straßenverkehrsunfälle. In der Lebensrealität sieht es gerade danach aus, als würde die Mehrheit der Menschen und Lebewesen dieses Planeten auf ihr Ende zusteuern. Kann dies noch verhindert werden, oder ist es unvermeidbar? Können die Appelle der Wissenschaftler überhaupt eine Veränderung des menschlichen Verhaltens herbeiführen und an wen genau sind sie gerichtet? Warum fehlt den Entscheidern in der Politik die Handlungseinsicht? Die eindringlichen Mahnungen der Wissenschaftler führten im Wesentlichen nur zu politischen Lippenbekenntnissen und Vereinbarungen, an die sich kaum jemand hält.

Sendung Arte.de: *Wie endet alles* vom 24.3.2023

Muss wirklich alles enden, sogar das Universum selbst? Forschende haben radikal unterschiedliche Szenarien dafür entwickelt, auf welches Schicksal das Universum zusteuern könnte; und auch dafür, wie und wie lange es bei diesen Entwicklungen noch Leben im Kosmos geben könnte. Der „Big Freeze" ist dabei eines der Szenarien, auf die das Universum zusteuern könnte. Er tritt ein, wenn es sich immer weiter ausdehnt und abkühlt und alles in ihm immer weiter zerfällt. Doch auch andere Szenarien, etwa ein wieder zusammenstürzendes Universum („Big Crunch") oder ein sich immer schneller ausdehnendes und unter den enormen Kräften schließlich zerreißendes Universum („Big Rip"), sind denkbar. Und während sich viele Szenarien über unvorstellbar lange Zeiträume entfalten, ist dennoch auch ein plötzliches Ende – sogar schon morgen – nicht auszuschließen. Sicher ist bei all dem allerdings: Irdisches Leben – Leben, wie wir es kennen – wird in Zukunft große Hürden überwinden müssen, um weiter bestehen zu können. Von Katastrophen auf der Erde selbst über eine heißer werdende und schließlich verlöschende Sonne bis hin zum Verlöschen aller Sterne im All und dem Verdunsten der letzten Schwarzen Löcher. Wie lange könnte die Menschheit also überhaupt noch bestehen, und welches Ende des Universums ist wahrscheinlich? Kann ein Blick auf das Ende aller Dinge uns auch neue Perspektiven auf unsere eigene Vergänglichkeit eröffnen? Und: Könnte am Ende auch alles doch ganz anders kommen?

„Die Menschheit steht vor dem Kollaps"- Nun bleiben uns noch zwanzig Jahre, um die Menschheit vor dem Untergang zu retten.

Doch dazu müssen wir ab sofort unser Wirtschaftssystem, unseren Lebensstil und unsere Werte radikal ändern. Es braucht weniger Wirtschaftswachstum, dafür mehr Steuern und Verbote für umweltschädigendes Verhalten."

Zitat aus dem Buch «Change. Graeme Maxton (Club of Rome)

Die Menschheit und alles Leben werden sowieso enden, nicht nur angesichts der beschriebenen Krisen. Mit dem sich Auflösen unserer Sonne und des Universums in einigen Milliarden Jahren ist Leben dann auch nicht mehr möglich. Das ist zwar noch ein langer Zeitraum, aber wenn irgendwann sowieso alles endet, was haben dann unsere Anstrengungen, die Welt zu retten, noch für einen Sinn?

Gerade diese Frage macht wieder deutlich, dass nichts geschaffen wurde, um für immer zu bleiben. Es geht darum, dass alle schlechten Charaktereigenschaften und dazu gehört auch die Angst, in dieser, von unserem Schöpfer geschaffenen Welt sich erleben können und dass sie sich mit ihrem Ausleben auflösen werden.

Kapitel 3

Erkenntnisse verschiedener Autoren

Seit Jahrtausenden haben sich viele Menschen mit dem Glauben an Gott, mit dem Leid, mit dem Übel und mit der Existenz des Menschen auseinandergesetzt. Das Interesse an den wichtigen Themen der Menschheit nimmt angesichts der weltweiten Krisen zu und die Antworten darauf werden immer dringlicher erwartet. Aus den bisher veröffentlichten Aussagen konnten offensichtlich noch keine zufriedenstellenden Antworten abgeleitet werden.

Nachfolgend habe ich eine Vielzahl unterschiedlicher Sichtweisen ausgewählter Autoren zusammengetragen.

Religionsmonitor, Bertelsmann-Stiftung

Der Religionsmonitor 2023 der Bertelsmann-Stiftung kommt zu der Erkenntnis, dass das Christentum in Deutschland zunehmend zu einer spirituellen Option unter vielen wird.

Die christliche Religiosität aus den Kirchen zieht sich immer mehr in den privaten Bereich zurück.

Ein hoher Anteil der Kirchenmitglieder hat aktuell die Absicht, aus der Kirche auszutreten. Dennoch sind Religion und Religiosität in der Gesellschaft weiterhin prägend.

Der Anteil der Menschen, die sehr oder ziemlich stark an Gott glauben, beträgt heute 38% und jeder vierte glaubt heute gar nicht an Gott. Ein Drittel der Befragten bezeichnet sich als nicht religiös. Mit jeder Generation wachsen weniger Menschen religiös auf.

Zwei Drittel der Befragten stufen sich dennoch als zumindest wenig bis mittel religiös ein und drei Viertel glauben zumindest an Gott, wenn auch der Glaube gering ausgeprägt ist.
(Quelle: Religionsmonitor 2023, Bertelsmann Stiftung)

Befragung aus dem Jahre 2007

Viele Deutsche stellen sich Gott entweder als Person oder als etwas Abstraktes vor. Am wahrscheinlichsten ist Gott für die meisten Deutschen jedoch eine höhere Macht oder die Natur selbst. Fast 40% der Deutschen glauben, dass sich Gott mit jedem Menschen persönlich befasst. Für sie ist Gott eine Energie, die alles durchströmt, oder ein Gesetz, das ewig gilt, oder sie sehen ihn als höchsten Wert an.

Fast jeder Dritte meint das Göttliche in sich selbst zu erkennen.

Eine Minderheit glaubt, man müsse sich Gott als eine Idee ohne eigene Existenz vorstellen. Jedoch ist die Existenz des Bösen eines der größten Hindernisse für den Glauben an Gott, es ist wohl der intellektuell anspruchsvollste Einwand. Es ist ein Problem, dem kein Theist und kein aufrichtiger Denker ausweichen kann. Die Existenz des Bösen gehört zu den entscheidendsten Einwänden, die Ungläubige gegen die Existenz Gottes erheben.

Es ist jedoch eine christliche Überzeugung, dass das Böse zu ei-
nem höheren Zweck benutzt wird.

(Quelle: Bertelmann-Stiftung, Befragung aus dem Jahre 2007)

Glaubensbestandteile

Nach biblischer Aussage sind alle Menschen durch die Erbsünde von Gott entfernt.

Im Neuen Testament findet sich die Erklärung, dass eine Erlösung für jeden Einzelnen nur durch den Glauben an Gott erfolgen kann.

Erbsünde *ist ein Begriff der christlichen Theologie für einen Unheils Zustand, der durch den Sündenfall Adams und Evas herbeigeführt worden sei und an dem seither jeder Mensch als Nachfahre dieser Ureltern teilhabe. Der Begriff wird in den orthodoxen- , römisch-katholischen und den evangelischen Traditionen verschieden aufgefasst. Gemeinsam ist allen christlichen Traditionen die Lehre der Trennung des Menschen von Gott, bedingt durch die Erbsünde. Mit Hilfe Jesu Christi kann die Gemeinschaft mit Gott wiederhergestellt werden. Der Mensch allein besitzt nicht die Kraft dafür. Unterschiede bestehen innerhalb der christlichen Konfessionen hinsichtlich der Art des Weges, welcher zur Erlösung gegangen werden muss (Rechtfertigungslehre).*

In den **Evangelien** sprechen weder Jesus Christus noch die Autoren der Evangelien vom Sündenfall Adams, dessen Fehler Jesus rückgängig zu machen habe. Es sind jedoch deutliche Aussagen über die Verderbtheit der Welt enthalten, die mit der späteren Erbsündenlehre inhaltlich in Einklang gebracht werden können.

(vergl. Bibel, Joh. 1,9-11EU; Joh. 8,44 EU).

Der Apostel Paulus von Tarsus entwickelte eine Theologie der Sünde und eine damit zusammenhängende Anthropologie, die als Grundlage der späteren Erbsündenlehre gelten kann. Paulus parallelisiert darin den für die ganze Menschheit stehenden ersten Menschen- Adam (das hebräische Wort Adam bedeutet einfach Mensch), mit dem für die neue Menschheit stehenden zweiten Adam- Christus. So wie aufgrund der Sünde des Ersten die Menschheit dem Tod ausgeliefert war, wird sie aufgrund der Erlösungstat des Zweiten aus diesem Tod errettet:

„Durch einen einzigen Menschen kam die Sünde in die Welt und durch die Sünde der Tod, und auf diese Weise gelangte der Tod zu allen Menschen, weil alle sündigten sind durch die Übertretung des einen die vielen dem Tod anheimgefallen, so ist erst recht die Gnade Gottes und die Gabe, die durch die Gnadentat des einen Menschen Jesus Christus bewirkt worden ist, den vielen reichlich zuteilgeworden."

(Bibel, Röm. 5, 12-17 EU).

Der zentrale Punkt wird im ersten Brief an die Korinther des Paulus nochmals betont:

„Denn wie in Adam alle sterben, so werden auch in Christus alle lebendig gemacht werden".

Die Erbsünde stellt somit ein spezifisch christliches, aus dem Erlösungsbegriff hergeleitetes Dogma dar, das im Judentum kein direktes lehrmäßiges Vorbild hat.

Im Verständnis Martin Luthers und der meisten Reformatoren ist der Mensch immer schon im Zustand der Sünde, die das eigene Handeln von Anfang an negativ beeinflusst. Selbst das neugeborene Kind ist nach diesem Verständnis sündig und bedarf daher der Erlösung.

(Autor unbekannt)

Das Konzil von Trient befasste sich, ausgelöst durch die Reformatoren, abschließend mit diesem Thema und stellte im Decretum de Peccato Originali fest, dass alle Menschen in Nachfolge des Adam, mit Ausnahme von Maria (Mutter Jesu) von der Erbsünde betroffen sind. Dabei wird die Erbsünde durch die Taufe allerdings vollkommen getilgt. Die Erbsünde ist mithin definitionsgemäß derjenige Mangel im Menschen, der bereits durch die Taufe (oder einer entsprechenden Zuwendung zu Gott, s. Begierdetaufe) restlos überwunden wird.

Aus katholischer Sicht zieht der Mensch durch den Sündenfall Adams das Missfallen Gottes auf sich, da der Mensch die übernatürliche Ausstattung der Gnade verloren hat. Der Mensch kann ohne Gnade durch seine guten Handlungen keine „übernatürliche Vollkommenheit" verdienen. So ist er, von seiner Empfängnis an schon im Mutterleib im Zustand der Erbsünde, was dazu führt, dass der Mensch zum Bösen neigt und der Verstand nicht mehr das Gute erkennt. Auch die Sinne verhalten sich nicht mehr, wie die Übernatur dies verlangt. Die Erbsünde ist in der Auffassung der katholischen Kirche Sünde im analogen Sinn: „Sie ist eine Sünde, die man mit erhalten-, nicht aber begangen hat, ein Zustand, keine Tat". Der Ausweg aus der Erbsünde wird im Kreuzestod Jesu Christi und der damit verbundenen Erlösung gesehen.

Im Katechismus der katholischen Kirche heißt es unter anderem: „Im Anschluss an den hl. Paulus lehrte die Kirche stets, dass das unermessliche Elend, das auf den Menschen lastet, und ihr Hang zum Bösen und zum Tode nicht verständlich sind ohne den Zusammenhang mit der Sünde Adams und mit dem Umstand, dass dieser uns eine Sünde weitergegeben hat, von der wir alle schon von Geburt an betroffen sind und die der Tod der Seele ist"(vergl. K.v.Trient:DS 1512). Wegen dieser Glaubensgewissheit spendet die Kirche die Taufe zur Vergebung der Sünden selbst bei kleinen Kindern, die keine persönliche Sünde begangen haben. (Quelle: K.v.Trient: DS 1514).

Joseph Ratzinger versteht die Erbsünde nicht im Sinne einer biologischen Vererbung, sondern betont die kollektiven menschlichen Verstrickungen der Vergangenheit, in die jeder Mensch durch seine Geburt eintritt. Diese schränken die Selbstbestimmung ein und geben den Rahmen der eigenen Freiheit vor:

"Niemand hat die Möglichkeit, an einem perfekten Punkt Null an-zufangen und sein Gutes in völliger Freiheit zu entwickeln". In dem von ihm verantworteten Katechismus der katholischen Kirche (Kompendium) schreibt er allerdings, dass sich die Erbsünde durch „Fortpflanzung" übertrage.

*Der **Islam** kennt keine Erbsündenlehre. Zwar erinnert der Koran an den Sündenfall (7, 19-25; 2, 35-39; 20. 117-124) und die Ver-treibung aus dem Paradies (Gen 3, 1.24EU), doch übernimmt er nicht die paulinische Lehre von der Erbsünde. Im Koran (Sure 2, Vers 37) wird sogar ausdrücklich erwähnt, dass Allah Adam bereits verziehen habe, weswegen das christliche Dogma von der Erb-sünde dem islamischen Dogma vom allverzeihenden Gott gegen-übersteht. Jeder einzelne Mensch wird nach islamischer Lehre nur für seine eigenen Taten zur Verantwortung gezogen; beim Gericht kann niemand einem anderen Menschen helfen oder schaden. Wenn ein Mensch schlechte Taten aufrichtig vor Gott bereut und um Vergebung bittet, so wird ihm diese zuteil.*

(Quelle Wikipedia)

*Das **Judentum** kennt den Begriff der Erbsünde nicht. Im Judentum wird die Vertreibung von Adam und Eva aus dem Garten Eden da-her nicht als Beginn einer zwangsläufigen erblichen Sünde gese-hen. Die verhängte Ausweisung aus dem Garten Eden und die weiteren Konsequenzen zeigen das Bild der Welt, wie sie ist und werden im Judentum als Maßnahmen verstanden, die das materi-elle, nicht aber das spirituelle Leben der Menschen betreffen. Al-lerdings ist durch den Verzehr der verbotenen Frucht der böse*

Trieb in den Menschen geraten, der seitdem in jedem Menschen vorhanden ist und ihn in seinem Handeln beeinflusst. Die Ankündigung, dass die Nachkommen Evas den Nachkommen der Schlange den Kopf zertreten werden (Gen 3, 15 EU), wird als Aussage zur Gefahr von Giftschlangen und menschlicher Angst vor ihnen gewertet (im Christentum wird dies hingegen als Ankündigung des Sieges Jesu über den Satan gedeutet). Die Tanach bezieht sich auch in keiner Erzählung, in der das Volk Israel fehlgeht, auf die Vertreibung Adams und Evas aus dem Paradies, weil nicht die Lokalität eine Rolle spielt, sondern die Fähigkeit des Menschen seinen bösen Trieb zu überwinden. Die wichtigste jüdische Aussage zum Status der Seele des Menschen lautet, sie sei ein Funke Gottes und somit rein. Wenn der Mensch aber sündigt, verunreinigt er seine Seele, hat aber durch aufrichtige Reue und den konsequenten Entschluss, diese Sünden nie wieder zu begehen, die Möglichkeit, seine Seele wieder rein zu machen, denn Gott ist barmherzig und vergibt Sünden. Hätten Adam und Eva ihre Sünde bereut, dann hätte Gott auch ihnen vergeben. Die Sünden der Vorfahren haben keinen Einfluss auf die Seele des Menschen, denn er war an ihnen nicht beteiligt und es wäre ungerecht, ihn dafür verantwortlich zu machen. Wenn er jedoch die Sünden seiner Vorfahren fortsetzt, und zwar mit einer noch stärkeren Intensität als sie es getan haben, werden diese Sünden auch ihm zugerechnet. Dies alles hat nichts mit der Lokalität zu tun, darum gibt es in dieser Hinsicht keinen direkten Bezug zum Garten Eden. Eine Erlösung im christlichen Sinne ist darum nicht nötig, weil es eben keine Erbsünde gibt. Das Warten im Judentum auf den Messias hat nichts mit Erlösung zu tun, sondern ist das Zeichen für den Beginn der kommenden Welt, in der alle Juden (von den vier Enden der Erde) zusammengesammelt werden.

(Quelle: Wikipedia)

Erlösung

1. Nicht reformierte Kirchen

Die nichtreformierten Kirchen (katholische-, orthodoxe-, orientalische Kirchen) sind der Überzeugung, dass die Sakramente die Werkzeuge sind, ohne die der Mensch nichts Gutes vollbringen kann. Die Taufe ist demnach heilsnotwendig. Durch die Sakramente empfängt der Mensch die göttliche Gnade und kann das ewige Heil erlangen.

2. Reformierte Kirchen

Die reformierten Kirchen (protestantische Kirchen) halten auch die Taufe für heilsnotwendig, dennoch glauben sie, dass die persönliche Beziehung zu Gott der alleinige Weg des Heils ist. Die Beziehung zu Gott wird dabei durch den Anteil der im Menschen innewohnenden Liebe Gottes bestimmt.

3. Judentum

Im Judentum wird unter Erlösung im Allgemeinen die Verbesserung der Welt, bzw. die Verbesserung der Schöpfung Gottes durch den Menschen verstanden und bezieht sich auf das „Diesseits" im Leben.

4. Der Islam

*Der Islam kennt **beim Mann keine Erbsünde**. Alle Sünden werden vom Menschen selbst auf Erden angesammelt. Im Islam besteht die Hoffnung auf Sündenerlass durch Barmherzigkeit und Vergebungsbereitschaft Gottes. **Die Frau kann grundsätzlich nicht von sich aus** ins Paradies kommen. Sie muss ihrem Ehemann fehlerfrei gedient haben und der Ehemann muss sich seine Frau auch in seinem Paradies ausdrücklich wünschen. Im Paradies kümmern sich um den Ehemann sogenannte „Huris", das sind weibliche Geschöpfe, die irdischen Frauen in allen Dingen überlegen sind.*

5. Buddhismus

Im Buddhismus wird die menschliche Existenz (und jede Existenz) als grundsätzlich leidhaft angesehen. Um dem Leiden zu entrinnen, muss der Mensch die buddhistische Praxis leben. Es bedarf keines äußeren Erlösers, sondern der Mensch ist selbst befähigt, die Erlösung zu erlangen. Wenn also ein Mönch jegliche Unreinheit seines Geistes (z.B. Gier, Hass) in sich aufgelöst hat, geht er nach seinem Tod ins Nirwana ein und ist vom Kreislauf der Wiedergeburten befreit. Im Buddhismus wird in das nächste Leben nicht eine individuelle Seele übertragen, sondern ein karmisches Potential. Je positiver dieses Potential durch gute Taten ist, desto vorteilhafter wird die darauffolgende Existenz sein. Die menschliche Existenz gilt als einzigartige Chance für die Erlösung.
(Quelle: Wikipedia)

Die Rechtfertigungslehre

In der Zeit der Reformation wurde die Rechtfertigung, die für Martin Luther zu den unaufgebbaren Lehren der Kirche zählte, ein zentraler Streitpunkt. Seit langem bestand in der abendländischen Kirche die Situation, durch aufgeschobene Reformen biblische Kernbotschaften zu übersehen oder den Gläubigen vorzuenthalten und sie durch eine Fülle überlieferter Richtlinien, Bräuche und Vorschriften zu ersetzen, die dahingehend zu verstehen waren, dass ein Mensch in der Lage sei, sich vor Gott durch die Erfüllung von Beichtauflagen sowie Frömmigkeitsübungen rechtfertigen zu können (Taten der Liebe, aber auch Reliquienverehrung, Ablasszahlungen oder Messen). Sehr wichtig war für Luther der Galaterbrief, der einen zentralen biblischen Text für die Rechtfertigungslehre darstellt. In den Kirchen der Reformation wird (mit Berufung auf Paulus und die Kirchenväter) daran erinnert, dass Rechtfertigung zwar ein für den Menschen überaus dienliches Geschehen, aber komplett auf Seiten Gottes – und nicht auf der der Menschen – zu verorten sei. Von dort werde die heilvolle Wirkung allein durch Christus gestiftet, entfaltet und geschenkt und sei von den Gläubigen allein durch den auf ihn vertrauenden Glauben, nicht jedoch durch jedwedes auf Gott gerichtetes Tun, zu empfangen (Röm 3,28 LUT; 4,25 LUT). Der Glaube wiederum werde allein durch das Wort der Christusverkündigung bewirkt, das in der Bibel grundlegend und hinreichend enthalten sei und in der Predigt aktualisiert werde.
(Quelle: Wikipedia)

Zitat Luthers:

„So ist der menschliche Wille in der Mitte hingestellt wie ein Last-
tier, wenn Gott darauf sitzt, will er und geht wohin Gott
will…wenn der Satan darauf sitzt, will er und geht wohin der Sa-
tan will. Und es liegt nicht in seiner freien Wahl, zu einem von
beiden Reitern zu laufen und ihn zu suchen…"
(Luther, dass der freie Wille nichts sei. Münchner Ausgabe,
ErgBd. 1, S. 46-47: vergl. WA 18, 635, 17ff.)

Die gemeinsame Erklärung der Rechtfertigungslehre

Sie ist ein zentrales Dokument der ökumenischen Bewegung,
das einen Konsens über Grundwahrheiten der Rechtfertigung „al-
lein aus Gnade" zwischen dem Lutherischen Weltbund, der Rö-
misch-Katholischen Kirche und dem Weltrat Methodistischer Kir-
chen ausdrückt. „Wir bekennen gemeinsam, dass der Mensch
im Blick auf sein Heil völlig auf die rettende Gnade Gottes ange-
wiesen ist. Die Freiheit, die er gegenüber den Menschen und den
Dingen der Welt besitzt, ist keine Freiheit auf sein Heil hin. Das
heißt, als Sünder steht er unter dem Gericht Gottes und ist unfä-
hig, sich von sich aus Gott um Rettung zuzuwenden, Rechtferti-
gung geschieht allein aus Gnade. Wir Sünder leben allein aus
der vergebenden Liebe Gottes, die wir uns nur schenken lassen
können. Wir können sie auf keine Art und Weise, wie abge-
schwächt auch immer, verdienen oder an von uns zu erbringende
Vor- oder Nachbedingungen binden. Der Unterschied der protes-
tantischen- zur katholischen Kirche ist immer noch ein

wesentlicher: *In Verkündung und Seelsorge ergeben sich ganz unterschiedliche Orientierungen: Der Protestant ruft zum Glauben an Jesus Christus auf, der Katholik zu einem sakramentalen Geschehen.*
(Quelle: ökumenische Bewegung)

Ist Gott für das Böse verantwortlich?

Der Psalm 13 sagt: *„Herr, wie lange willst Du mich noch so lange vergessen? Wie lange verbirgst Du Dein Antlitz vor mir? Wie lange soll ich sorgen in meiner Seele und mich in meinem Herzen täglich ängstigen? Wie lange soll sich mein Feind über mich erheben?"*

An einer Stelle geht die Bibel sogar noch weiter:
„Ich bin der Herr, der ich das Licht mache und schaffe die Finsternis, der ich Frieden gebe und schaffe Unheil".
(Jesaja 45,7)

Der Gott der Bibel erschaffe eine Welt, in der sich Katastrophen ereignen, die großes Leid über die Menschen bringen. Der Reformator Martin Luther litt darunter, dass Gott das Böse zulässt. Für ihn stand diese Erfahrung in einem schier unerträglichen Widerspruch zu seinem Glauben an einen gütigen Gott. Deshalb unterschied Luther zwischen dem verborgenen Gesicht Gottes, das er als zornig empfand und dem freundlichen Gesicht des gnädigen Gottes. Wenn er, Luther verzweifelt sei, fliehe er von dem abgewandten Gesicht Gottes zu dessen zugewandten Gesicht, zu Christus.

Der Mensch

Der Mensch wurde nach dem Zeugnis der Bibel als Mann und als Frau unmittelbar von Gott nach seinem Bilde zur Verherrlichung Gottes geschaffen. Er war ohne Sünde und lebte in vollkommener Harmonie mit Gott und unter Gott. Dieses Verhältnis wurde durch den in Raum und Zeit geschehenen Sündenfall zerstört. Die Folge war der geistliche und leibliche Tod. Seit jener Zeit lebt der Mensch als Sünder in seiner Ichbezogenheit und Rebellion gegen Gott. Er ist nach Wille, Verstand und Gefühl in all seinen Neigungen ein in bis sein tiefstes Wesen hinein unter die Sünde versklavter Feind Gottes und unfähig, aus eigener Kraft die Gemeinschaft mit Gott wieder herzustellen. Er ist infolge der Sünde verloren.
(Quelle: Bibel, 1.M.1.27+31; 1.M.3.1-24; 1.M.3.17; Röm.5.10; Röm.7.14+24).

Das Heil

Die Notwendigkeit des Heils, der Versöhnung mit Gott, ist in der Verlorenheit des Menschen begründet. Seine Grundlage ist Gottes souveräne Gnadenerwählung (im Sinne der Vorherbestimmung) in Christus vor Grundlegung der Welt und der Verwirklichung seines Planes in der Geschichte in dem Erlösungswerk seines Sohnes. Die Aneignung des Heils geschieht durch den vom Heiligen Geist gewirkten Glauben an Gottes Zusagen in seinem Wort, wodurch dem Sünder die stellvertretende Gerechtigkeit Christi, die allein vor Gott gilt, von Rechts wegen zugerechnet wird. Der so durch den Glauben an Gottes Heilstat in

Christus gerechtfertigte Sünder wird als Gottes Kind auf dem Weg der Heilung durch Gottes Macht zur Seligkeit bewahrt (Quelle: Bibel, Luk.19.10; Eph.1.4; Gal.4.4+5; Röm.8.29+30; Hebr. 12.14; Petr.1.5).

Auszüge wissenschaftlicher Forschung

Was ist der Mensch, ist er frei oder ist er lediglich eine Marionette? Die Wissenschaft verknüpft die Freiheit zumindest mit zwei Bedingungen: erstens mit Autonomie, d.h. das eigene Handeln wird als frei bezeichnet, wenn es ohne Einwirkung von außen erfolgt ist. Zweitens mit Urheberschaft, d.h. es muss eine Abgrenzung zum bloßen Zufall vorhanden sein. Freiheit benötig eine Person, ein „Selbst", das sich bestimmt. Unter dem Selbst verstehen Forscher einen Kern von wichtigen Persönlichkeitsmerkmalen und Überzeugungen, die einen Menschen kennzeichnen. Bewusstsein und die Fähigkeit zum selbstbestimmten Handeln sind von zentraler Bedeutung für den Begriff der Person. Unser gesamtes Rechtssystem basiert auf der Voraussetzung, dass wir für unser Handeln verantwortlich gemacht werden können. Unzählige Wissenschaftler widmen sich der Erforschung der Willensfreiheit, doch keiner konnte bisher das grundsätzliche Paradoxon auflösen: Sie wissen, dass der menschliche Wille den Naturgesetzen folgen muss, ist er doch in die physikalische Welt eingebettet. Da gibt es keinen unbewegten Beweger, keiner der von sich aus ohne Ursache Ereignisketten in Gang setzt. Und doch fühlt es sich so an. Konfrontiert mit der Frage:

„Tee oder Kaffee?" Wissen wir, dass wir das eine oder das andere wählen könnten? Oder ist das nur Einbildung?

(Autor unbekannt)

Das Leib-Seele-Problem

Der Kern der Philosophie des Geistes ist das Leib-Seele-Problem, das manchmal auch „Körper-Geist-Problem" genannt wird. Es besteht in der Frage, wie sich die mentalen Zustände (oder der Geist, das Bewusstsein, das Psychische, die Seele) zu den physischen Zuständen (oder dem Körper, dem Gehirn, dem Materiellen, dem Leib) verhalten. Handelt es sich hier um zwei verschiedene Substanzen? Oder sind das Mentale und das Physische letztlich eins? Dies sind die zentralen Fragen der Philosophie des Geistes. Jede Antwort wirft jedoch zahlreiche neue Fragen auf. Etwa:

Sind wir in unserem Denken und Wollen frei? Könnten Computer auch einen Geist haben? Kann der Geist auch ohne den Körper existieren? Die Philosophie des Geistes ist daher mittlerweile ein enorm differenziertes Projekt. Bereits Platon hat dies in seinem Dialog Philebos (30a) thematisiert: „Sokrates: Unser Leib, wollen wir nicht sagen, der habe eine Seele? Protarchos: Offenbar wollen wir das. Sokrates: Woher aber, o lieber Protarchos, sollte er sie erhalten haben, wenn nicht auch des Ganzen Leib beseelt wäre, dasselbe habend wie er und noch in jeder Hinsicht trefflicher?

(Quelle: Wikipedia)

Qualia

*Unter „Qualia" wird der subjektive Erlebnisgehalt mentaler Zustände verstanden. Doch gerade ein solches subjektives Element scheint sich jeder intersubjektiven Begriffsbestimmung zu widersetzen. Der Philosoph Thomas Nagel hat zur Bestimmung der Qualia die Redeweise geprägt, dass es sich „auf eine bestimmte Weise anfühlt", in einem mentalen Zustand zu sein (what is it like). Wenn eine Person etwa friert, so hat dies in der Regel verschiedene Konsequenzen. In der Person laufen etwa verschiedene neuronale Prozesse ab und die Person wird ein **bestimmtes** Verhalten zeigen. Doch das ist nicht alles: „Es fühlt sich für die Person auch auf eine bestimmte Weise an", zu frieren. Allerdings kann Nagels Bestimmungsversuch nicht als allgemeine Definition gelten. Eine Bestimmung von Qualia durch die Phrase „sich auf bestimmte Weise anfühlen" setzt voraus, dass diese Phrase schon verstanden ist. Wem jedoch die Rede von subjektiven Erlebnisgehalten nicht einleuchtet, der wird die Phrase auch nicht verstehen.*
(Quelle: Wikipedia)

Der dialektische Materialismus

Der dialektische Materialismus bedient sich der Methode der Dialektik Hegels, der neben Ludwig Feuerbach wohl wichtigsten geistigen Quelle des jungen Karl Marx. Hegel geht davon aus, dass die natürliche und gesellschaftliche Realität primär von einer absoluten Idee bestimmt ist und sich aufgrund (dialektischer) Widersprüche entwickelt. Nach dieser Theorie gerät jede verwirklichte Form der Idee mit sich selbst in Widerspruch und generiert so die immer komplexer werdende Realität. Marx dreht die hegelsche Dialektik um (stellt sie „vom Kopf auf die Füße") und postuliert, dass sich die Welt, die objektive Wirklichkeit, aus ihrer eigenen materiellen Existenz erklären lässt und keinesfalls die Verwirklichung einer göttlichen, absoluten Idee oder gar des menschlichen Denkens ist, wie im Idealismus behauptet.

Vier Grundregeln liegen der Theorie des dialektischen Materialismus zugrunde:

- *das Universum muss als Ganzes gesehen werden*
- *dieses Ganze besteht aus untereinander in Beziehung stehenden, voneinander abhängigen und sich in ständiger Bewegung befindenden Materialien (objektiver Zusammenhang)*
- *diese Bewegung ist aufsteigend, vom Einfachen zum Komplexen fortschreitend und durchläuft dabei bestimmte Ebenen, jeder Ebene entsprechen bestimmte qualitative Veränderungen. Die jeweilige Entwicklung einer bestimmten Ebene resultiert nicht aus einem harmonischen Fortschreiten, sondern entsteht durch den Konflikt und die Aktualisierung der jeweiligen, den entsprechenden Phänomenen innewohnenden Gegensätzlichkeiten, den „Grundwidersprüchen".*

Zu diesen Grundlagen kommen drei elementare Entwicklungsgesetze:

1. *Das Gesetz von der Einheit und vom Kampf der Gegensätze (die Triebkraft der Entwicklung ist der Widerspruch zwischen dualen Polen, der natürlichen und sozialen Prozessen grundsätzlich inhärent ist und aus deren Kampf eine neue Lösung hervorgeht. Analog dazu: These + Antithese = Synthese).*

2. *Das Gesetz von der Negation der Negation (die Entwicklung auf eine höhere Ebene bewahrt die positiven Elemente der vorhergehenden. Sie negiert in ihrer Weiterentwicklung die vorhergehende Ebene also nicht als Ganzes).*

3. *Das Gesetz vom Umschlagen von einer Quantität in eine neue Qualität (nach einer Kumulation quantitativer Veränderungen über längere Zeit kommt es zu einer sprunghaften qualitativen Veränderung).*

(Quelle: Wikipedia)

Idealismus

Idealismus (abgeleitet von griechisch ἰδέα „Idee", „Urbild") bezeichnet in der Philosophie die Grundposition, nach der die gesamte Realität auf Bestimmungen des Geistes zurückzuführen ist, unabhängig davon, ob es sich um Ideen, Anschauungen oder eher subjektive Bestimmungen wie „Sinneserfahrungen" oder Gefühle handelt. Der philosophische Idealismus ist eine theoretische Position über das Wesen der Welt (Ontologie) und des Wissens (Erkenntnistheorie). Der Begriff „Idealismus" wird semantisch vielfältig verwendet, zu Beginn des 18. Jhdts. grenzte er sich ab gegenüber dem Materialismus, dem Realismus und dem Empirismus. Er ist nicht zu verwechseln mit dem ethischen Idealismus, d. h. dem Streben nach einem ethischen Ideal in Bezug auf die Gesellschaft.[2] Im alltäglichen Sprachgebrauch kann „Idealismus" auch eine altruistische, selbstlose Haltung bezeichnen. Man unterscheidet für gewöhnlich zwischen ontologischem Idealismus und erkenntnistheoretischem Idealismus. Der erste wendet sich gegen den Materialismus, der behauptet, dass nur Materie existiert. Der zweite steht im Gegensatz zum naiven Realismus, der behauptet, dass die Welt so existiert, wie sie sich uns darstellt. Während der ontologische Idealismus historisch den „objektiven Idealismus" umfasst, für den die „objektive" Welt spiritueller (Spiritualismus) oder intellektueller (Intellektualismus) Natur ist, stellt der erkenntnistheoretische Idealismus eine der Thesen des „subjektiven Idealismus" dar, für den die Welt durch unsere Anschauungen von ihr geformt ist.

(Quelle: Wikipedia)

Kapitel 4

Würdigung verschiedener Anschauungen

Einige der in Kapitel 3 „Glaubensbestandteile" zitierten Aussagen möchte ich jetzt genauer betrachten, um festzustellen, ob und worin sich Gemeinsamkeiten zu meinen Erkenntnissen ergeben.

Zu Kapitel 3, Buddhismus

Im Buddhismus wird die menschliche Existenz (und jede Existenz) als grundsätzlich leidhaft angesehen. Um dem Leiden zu entrinnen, muss der Mensch die buddhistische Praxis leben. Es bedarf keines äußeren Erlösers, sondern der Mensch ist selbst befähigt, die Erlösung zu erlangen. Wenn also ein Mönch jegliche Unreinheit seines Geistes (z.B. Gier, Hass) in sich aufgelöst hat, geht er nach seinem Tod ins Nirwana ein und ist vom Kreislauf der Wiedergeburten befreit. Im Buddhismus wird in das nächste Leben nicht eine individuelle Seele übertragen, sondern ein karmisches Potential. Je positiver dieses Potential durch gute Taten ist, desto vorteilhafter wird die darauffolgende Existenz sein. Die menschliche Existenz gilt als einzigartige Chance für die Erlösung.
(Quelle: Wikipedia)

Die Idee eines karmischen Potenzials kann ich mit meinen Erkenntnissen vereinbaren, es ist lediglich ein anderes Wort für Übel oder das Böse. Die buddhistische Praxis zu leben, kann meines Erachtens nicht auf alle Menschen übertragen werden. Denn das würde bedeuten, dass alle Menschen gleiche Voraussetzungen haben müssten, um die Unreinheit ihres Geistes gleich welcher Art aufzulösen. Andererseits weiß ich, dass es viele Menschen gibt, die diese buddhistische Praxis umsetzen und daran glauben, sich aus dem Leid erlösen zu können, was offensichtlich noch nie geschehen ist, sonst würden Zeugnisse davon vorliegen. Weiterhin sehe ich nicht, dass gute Taten im aktuellen Leben vorteilhaft für die nächste Generation einer menschlichen Existenz sein könnten. Würde dies so zutreffen, wer möchte dann noch Schlechtes tun? Es gibt keine guten Taten, durch die eine folgende menschliche Existenz Vorteile genießen könnte. Selbst Eltern, die gute Taten im Leben vollbracht haben, bekommen Kinder mit schlechten Charaktereigenschaften. Weiterhin zeigt die Erfahrung, dass nicht alle Kinder gemeinsamer Eltern charakterlich gleich sind. Gute Taten stehen in Bezug zum Übel. Es gibt kein Gutes, das für sich alleine steht. Ein karmisches Potenzial lebt der Mensch ab. Ist es dabei noch nicht aufgelöst worden, werden es weitere Menschen, möglicherweise in abgeschwächter Form erleben müssen. Ist dieses karmische Potenzial aufgelöst, ist es nicht mehr vorhanden. Dabei hat der Mensch keine Möglichkeit zu wählen, was er zu tun hat. Dass die menschliche Existenz als einzigartige Chance für die Erlösung gilt, halte ich für richtig. Jedoch besitzt der Mensch im tieferen Sinne kein eigenständiges, von Gott getrenntes Wesen, sondern ist Teil von ihm.

Zu Kapitel 3, Ist Gott für das Böse verantwortlich

Der Psalm 13 sagt: „Herr, wie lange willst Du mich noch so lange
vergessen? Wie lange verbirgst Du Dein Antlitz vor mir? Wie
lange soll ich sorgen in meiner Seele und mich in meinem Her-
zen täglich ängstigen? Wie lange soll sich mein Feind über mich
erheben? Ich bin der Herr, der ich das Licht mache und schaffe
die Finsternis, der ich Frieden gebe und schaffe Unheil."
Bibel, Jesaja 45,7.

Der letzte Satz des Psalm 13 deutet darauf hin, dass es in Gott
selbst das Übel geben muss. Die Bibel erklärt hier gerade den
von Gott geschaffenen und in das weltlich Sein gesetzten Dualismus des Übels und der Liebe Gottes. Die ersten Sätze zeigen die
Vorstellung, dass Gott getrennt vom Menschen sei. Ich halte es
jedoch für einen Trugschluss, dass der Mensch von Gott getrennt
und ein freies unabhängiges, also selbstbestimmtes Wesen ist.

Zu Kapitel 3 Der Mensch

Der Mensch wurde nach dem Zeugnis der Bibel als Mann und als
Frau unmittelbar von Gott nach seinem Bilde zur Verherrlichung
Gottes geschaffen. Er war ohne Sünde und lebte in vollkomme-
ner Harmonie mit Gott und unter Gott. Dieses Verhältnis wurde
durch den in Raum und Zeit geschehenen Sündenfall zerstört.
Die Folge war der geistliche und leibliche Tod. Seit jener Zeit lebt
der Mensch als Sünder in seiner Ichbezogenheit und Rebellion
gegen Gott. Er ist nach Wille, Verstand und Gefühl in all seinen
Neigungen ein in bis sein tiefstes Wesen hinein unter die Sünde
versklavter Feind Gottes und unfähig, aus eigener Kraft die

Gemeinschaft mit Gott wieder herzustellen. Er ist infolge der Sünde verloren.

(Quelle: Bibeltext, 1.M.1.27+31; 1.M.3.1-24; 1.M.3.17; Röm.5.10; Röm.7.14+24).

Schon beim ersten Satz frage ich mich, warum Gott Mann und Frau zu seiner eigenen Verherrlichung erschaffen haben soll. Wie soll ich verstehen, dass ausgerechnet Gott jemanden zur eigenen Verherrlichung braucht, war es ihm langweilig? Auch dass der Mensch ohne Sünde war und in vollkommener Harmonie mit Gott, jedoch unter ihm, also in einer Art Hierarchie lebte, wirft bei mir Zweifel auf. Wenn der von Gott erschaffene Mensch ohne Sünde war, woher kam dann die Sünde? Dieses Zeugnis der Bibel scheint mir der Versuch zu sein, die Entstehung des Übels in der Welt mit einem „in Raum und Zeit geschehenen Sündenfall" zu erklären. Es wird jedoch nicht beschrieben, woher plötzlich das Übel in Form der Sünde entstanden ist. Auch hier wird wieder unterstellt, dass der Mensch ein von Gott getrenntes Wesen sei. Das führt zu Widersprüchen hinsichtlich der Frage, ob es etwas außerhalb Gottes geben kann. Für mich ist klar, dass das Übel in Gott selbst ist. Die Argumente dafür werden in meinem Buch angeführt. Die Schaffung des Menschen durch Gott diente nicht seiner Verherrlichung, sondern der körperliche Mensch wurde geschaffen, damit die Unbewusstheit sich in ihm und durch den menschlichen Geist erleben kann. Das ist es, was ich hinter diesem biblischen Text inklusive dem Sündenfall erkenne. Der Mensch kann nicht für sich bestimmt haben, dass er dem Übel verfällt, dass er der Feind Gottes ist und in Rebellion gegen Gott lebt. Dazu ist er gar nicht in der Lage, denn er ist nicht von Gott getrennt. Er ist somit auch nicht fähig, aus eigener Kraft die Gemeinschaft mit Gott wiederherzustellen, weil er Teil von ihm ist. Hinzu kommt, dass nach meiner Erfahrung viele Menschen nicht nur böse sind, also *„unter der Sünde versklavte Feinde Gottes"*, sie haben auch eine liebevolle und helfende Seite. Für mich ist der Mensch ein geistiges Wesen, dessen spontaner gedanklicher Anteil identisch ist mit dem Unbewussten. Diese Unbewusstheit besteht aus dem Übel und seinem Gegenteil der Liebe. Der Mensch besteht aus Körper und Geist, jedoch begreife ich den menschlichen Körper als ein von Gott geschaffenes Werkzeug. Die Informationen aus der Unbewusstheit werden als Befehle in das menschliche Gehirn transferiert, die der Mensch als spontane Handlungen ausführt. Spontane Handlungen können vor ihrer Ausführung nicht vom menschlichen Geist betrachtet werden.

Zu Kapitel 3 Das Heil

Die Notwendigkeit des Heils, der Versöhnung mit Gott, ist in der Verlorenheit des Menschen begründet. Seine Grundlage ist Gottes souveräne Gnadenerwählung (im Sinne der Vorherbestimmung) in Christus vor Grundlegung der Welt und der Verwirklichung seines Planes in der Geschichte in dem Erlösungswerk seines Sohnes. Die Aneignung des Heils geschieht durch den vom Heiligen Geist gewirkten Glauben an Gottes Zusagen in seinem Wort, wodurch dem Sünder die stellvertretende Gerechtigkeit Christi, die allein vor Gott gilt, von Rechts wegen zugerechnet wird. Der so durch den Glauben an Gottes Heilstat in

Christus gerechtfertigte Sünder wird als Gottes Kind auf dem
Weg der Heilung durch Gottes Macht zur Seligkeit bewahrt

(Quelle: Bibeltexte, Luk.19.10; Eph.1.4; Gal.4.4+5; Röm.8.29+30;
Hebr. 12.14; Petr.1.5).

Auch in dieser Schrift wird die Trennung des Menschen von Gott unterstellt. Durch die Versöhnung mit Gott würden zwei Existenzen postuliert: der mit Gott versöhnte Mensch und Gott. Es gilt für mich, wie bereits beschrieben, dass der Mensch nicht außerhalb Gottes sein kann. Die genannte Verlorenheit des Menschen kann daher weder vorhanden sein noch in einer Versöhnung mit Gott zur Erlangung des Heils münden. Diese Ansicht kann nicht begründet werden, denn das würde eine Trennung des Menschen von Gott voraussetzen. Es geht jedoch ursächlich nicht um den von Gott geschaffenen Menschen, sondern um die Erfüllung des Übels und dessen Erleben in der von Gott geschaffenen Welt. Der Mensch als Körper und Geist ist das Mittel zur Umsetzung.

Einige weitere Aussagen bekannter Wissenschaftler und Philosophen möchte ich mit aufnehmen.

Kurt Tepperwein: *„Du bist der Schöpfer und alles ist möglich Dein Schicksal liegt in deinen Händen"*

„Deshalb sind wir hier, das ist unsere Aufgabe: von der unbewussten Unvollkommenheit über die bewusste Unvollkommenheit zur bewussten Vollkommenheit zu kommen, das ist das Ziel".

Was ist damit gemeint, dass ich der Schöpfer bin und alles tun kann, also z.B. auch kriminell sein? Ergibt das einen Sinn? Ich möchte die Aussage etwas uminterpretieren und geltend machen, dass mit „du bist der Schöpfer und alles ist möglich", das Übel gemeint sein dürfte. Denn das Übel ist die einzige Kraft, die alles Schlechte tun kann und zwar ohne Bedingungen. Was bedeuten Unvollkommenheit, Unbewusstheit, Vollkommenheit und Bewusstheit? Sind das Zustände, die ich jetzt habe, oder die ich zukünftig erreichen werde oder bereits erreicht habe? Wie erkenne ich sie und was kann oder soll ich damit anfangen? Wie in meinen vorangegangenen Ausführungen beschrieben, kann der Mensch keine Vollkommenheit erreichen, denn er ist nicht frei, nicht selbstbestimmt und nicht von Gott getrennt. Nur der Schöpfer kann Vollkommenheit erreichen, wenn alles Übel sich aufgelöst hat. Jedoch kann vom Schöpfer Vollkommenheit nicht als ein von ihm zu erreichendes Ziel definiert werden, denn dazu würde er ein Motiv benötigen. Die Vollkommenheit entsteht jedoch durch die Auflösung aller Motive.

Dieter Lange:

„Lasse los! Habe Urvertrauen in das Universum"
„Enttäuschung setzt Erwartung voraus, immer wenn du enttäuscht bist, hat das nur eine Ursache, deine Erwartung, aber niemand und nichts ist auf der Welt um unsere Erwartungen zu erfüllen".

Was soll ich loslassen, was halte ich fest? Warum soll ich Urvertrauen ins Universum haben und wie soll ich dies umsetzen, wenn ich ängstlich bin? Jeder Mensch lebt für einen oder mehrere andere Menschen und hat Kontakt zu ihnen, denn nur dadurch ist es möglich die Charaktere der Unbewusstheit auszuleben. Es ergäbe für mich keinen Sinn, wenn jeder Mensch für sich alleine und komplett von anderen Menschen getrennt wäre und keinerlei Erwartungen an den anderen hätte. Die Unbewusstheit könnte sich nicht erleben und ausleben. Die Existenz allen Lebens und weltlichen Seins wäre damit unbegründet.

Eckehart Tolle:

„Wenn Du wirklich wüsstest, dass du Gott bist und nicht das kleine Ich, würdest du auf schwierige Leute oder Situationen nicht blindlings reagieren, sondern absolut wach und bewusst bleiben. Du würdest die Situation sofort akzeptieren und dadurch eins mit ihr werden statt dich von ihr zu trennen. Dann würdest du aus deiner wachen Bewusstheit heraus handeln. Was du bist –Bewusstsein- würde handeln, nicht wer du zu sein glaubst,- dein kleines Ich".

„So löst du dein Ego auf: „Immer, wenn sich ein gewohnheitsmäßiges nein zum Leben in ein ja verwandelt und du diesen Augenblick so zulässt wie er ist, löst du sowohl Zeit als auch Ego auf".

Wie kann ich wissen, dass ich Gott bin? Woran erkenne ich das und wie soll ich damit umgehen? Bin ich etwas anderes als mein Ego und was, wenn nicht? Was passiert, wenn ich den Augenblick so zulasse, wie er ist? Heißt das, dass ich zuschaue, wenn eine Frau missbraucht wird? Tue ich nichts und geht es mir dabei gut, bin ich damit zufrieden? Kann ich bewusst handeln oder ist mein Tun bestimmt? Ob ich ein „nein" oder ein „ja" zum Leben habe, hängt von meinem Schicksal, den unbewussten Charaktereigenschaften ab. Ich kann nichts von dem, was ich tue, verwandeln, weil ich nicht bestimmen kann, was ich zu tun habe. Meine Gedanken sind Teil der Unbewusstheit und aus der Unbewusstheit kommt die Entscheidung dafür, was ich tue und wie ich mich verhalte. Die Ausnahme wäre, dass meine Unbewusstheit sich ausreichend abgeschwächt hat und sich mehr Bewusstsein bilden konnte. Damit hätte ich die Möglichkeit, bestimmte üble Gedanken zu betrachten. Ich könnte mich dann dafür entscheiden, keine schlechten Handlungen mehr auszuführen. Zumindest solche, die ich auch als schlecht erkenne und die nur noch schwach in meinem Geist vorhanden sind.

Was ist Glück?

Diese Frage wird von vielen Autoren thematisiert, z.B.

Sigmund Freud:

„Glück ist als Ziel des Menschen nicht im Schöpfungsplan enthalten."

Prof. Dr. Hüther:

„Was auch kommen mag, das krieg ich hin,- Kohärenz ist es, dass alles stimmt, dieses Gefühl ist Glück"

Dieter Lange:

„Glück ist eine Funktion der Akzeptanz dessen was ist"
Dazu überlege ich mir, was genau Glück ist und wie es sich äußert.
Bisher habe ich zwar Menschen kennengelernt, die behaupteten,
glücklich zu sein. Jedoch konnten sie nicht genau beschreiben,
was das ist. Sie befanden sich während eines kurzen Zeitraumes
in einem fröhlichen, optimistischen und sehr zufriedenen Zustand.
Sie glaubten, dass dieser aus ihren erledigten und erfüllenden
Handlungen entsprungen sei. Ich habe jedoch die Erkenntnis gewonnen, dass es nicht der menschliche Geist ist, der diese
Glücksempfindung hervorgerufen hat. Es ist die im Unbewussten
entstandene Erfüllung und Zufriedenheit, die im menschlichen
Geist sich wiederfindet und ausdrückt. Die Erfüllung der Bedürfnisse des Unbewussten führt zu einer Art Glückserfahrung in Gott
selbst. Als Teil Gottes ist der menschliche Geist derjenige, der im
weltlichen Sein dieses Glücksgefühl empfängt und ausdrückt.

Was ist der Sinn des Lebens?

Kurt Tepperwein

„Es ist Ihre Wahl in welchen Lebensumständen Sie leben.
Das ganze Leben ist ein Spiel und wird uns zur Freude gespielt.
Entfernen Sie jedes „muss" in Ihrem Leben, denn sobald Sie et-
was müssen, endet das Spiel. Der Sinn des Lebens ist es zu
spielen. Machen Sie sich einmal bewusst, wer führt Ihr Leben,-
wer trifft Ihre Entscheidungen? Anstatt unser Leben selbst zu
führen, überlassen wir die Führung oft unserem Verstand und

damit dem Ego".

(Kurt Tepperwein, Du musst nichts! Das ganze Leben ist ein Spiel, inSPIRare - Entdecke Dich Selbst- YouTube 2022)

Prof. Dr. Hüther

„Frage der inneren Einstellung sich selbst gegenüber. Die Erfahrung machen, wie das ist, mit sich selbst etwas liebevoller umzugehen. In Würde mit sich selbst zu leben. Dann bin ich Gestalter meines eigenen Lebens. Mit mir alles so machen, dass es mir guttut. In mich hineinhören, was ich für Bedürfnisse zugeschüttet habe, die doch eigentlich gelebt werden wollen. Dann bin ich jemand, der anderen etwas schenken kann und nicht jemand, der immer von anderen etwas haben will. Das ist ein Akt der Selbstbefreiung".

Yves Bossart

„Irgendwann wird die Menschheit aussterben und die Erde implodiert in die Sonne, dann gab es uns mal, alles ist vorbei. Auf die Frage warum das alles geschieht habe ich keine Antwort. Ich würde sagen: so ist wahrscheinlich das Leben, es ist einfach sinnlos".

(SRF Kultur Sternstunden, hat unser Leben einen Sinn? YouTube 2021)

Prof. Scobel

„Wenn Sinn das ist, was wir daraus machen, dann gibt's nur eine Antwort auf die Frage nach dem Sinn nämlich, endlich was daraus zu machen und das wiederum muss jeder für sich alleine".

(Rätsel „Sinn des Lebens" – Philosophisch leicht erklärt in 5 Schritten, YouTube 2021)

Dieter Lange

„Ist der Lebenssinn die eigene Zufriedenheit oder das Abschalten, also der Seelenfrieden? Ja!"

(Auszeit nehmen: Wie du den Sinn deines Lebens findest // Dieter Lange, Greator, YouTube 2018)

Wahrscheinlich wäre es für viele Menschen sehr schön, wenn das Leben ein Spiel wäre und uns zur Freude gespielt werden würde. Die Frage, wer denn dieses Spiel zu unserer Freude initiiert haben sollte, bleibt dabei unbeantwortet. Im realen Leben sieht das jedoch anders aus. Wohl alle Menschen können davon berichten, dass in ihrem Leben Schmerz und Leid großen Anteil haben. Diese Erfahrungen können sie eher nicht als Spiel betrachten, das zu ihrer Freude gespielt wird. Sie hatten nicht die Wahl, diese Erfahrungen zu machen oder darauf zu verzichten, sonst hätten sie vermutlich nicht Schmerz und Leid gewählt. Dass alles Leben und das weltliche Sein sich am Ende auflösen werden, davon bin ich überzeugt, das habe ich bereits beschrieben. Bis dahin hat alles jedoch den Sinn, dass bestimmte Handlungen und Verhaltensweisen vollzogen werden müssen. Diese Handlungen und Verhaltensweisen sind Bestandteil des weltlichen Seins. Der Initiator aller Handlungen und Verhaltensweisen ist die Unbewusstheit, bestehend aus dem Übel und der Liebe, es gibt nichts anderes. Die eigene Zufriedenheit im Leben zu erreichen, halte ich für ein allgemeines Ziel der meisten Menschen. Jedoch ist Zufriedenheit ein Zustand der Befriedigung innerhalb der Unbewusstheit. Sie drückt sich im menschlichen Geist aus. Diese Zufriedenheit im Unbewussten erfolgt nur nach dem Erleben und der Erfüllung von Motiven der Unbewusstheit und wird ins weltlichen Sein, in den menschlichen Geist gesendet. Interessant finde ich, dass bei allen Autoren stets das Positive als das zu Erreichende beschrieben wird. Niemand von ihnen scheint zu bedenken, ob nicht auch das Schlechte zu erleben, einen Sinn hat, da es doch ständig geschieht. Das Anraten, nur Gutes zu tun, ist vermeintlicher Teil einer Liebesbotschaft, die schlechte Taten vermeiden möchte. Dies zählt zum Gegenteil des Übels und möchte Leben schützen. Doch Gutes kann nur in Verbindung mit dem Übel gesehen werden. Gutes allein gibt es nicht. Bei den Handlungen der schlechten Charaktereigenschaften kann die Liebe schließlich nur zustimmend und unterstützend wirken.

Bibelzitate

Das „Vater unser Gebet"

„Vater unser im Himmel,

geheiligt werde dein Name.

Dein Reich komme.

Dein Wille geschehe,

wie im Himmel so auf Erden.

Unser tägliches Brot gib uns heute.

Und vergib uns unsere Schuld,

wie auch wir vergeben unseren Schuldigern.

Und führe uns nicht in Versuchung,

sondern erlöse uns von dem Bösen.

Denn dein ist das Reich und die Kraft

und die Herrlichkeit in Ewigkeit.

Amen"

Milliardenmal wird dieses Gebet weltweit von Menschen gesprochen oder still gebetet und sie hoffen stets auf Erlösung vom Leid (dem Bösen). Das geht bereits seit Jahrhunderten so und doch wurde diese Bitte offenbar noch nicht erfüllt.

Mit folgender Aussage wird deutlich, worum es geht: *„Dein Reich komme und Dein Wille geschehe",* damit kann nur das Übel gemeint sein. Sein Reich kommt in die Welt und sein Wille geschieht. *„Und vergib uns unsere Schuld,"* Es kann keine tatsächliche Schuld beim Menschen entstehen, denn er ist als weltlicher Körper und Geist ausführendes Organ des Unbewussten. *„sondern erlöse* *uns von dem Bösen,"* Die Erlösung vom Bösen kann nicht durch eine Handlung Gottes erfolgen, das Böse löst sich durch sein weltliches Erleben auf. An anderer Stelle steht in der Bibel: *„Macht euch die Erde untertan".* Dabei scheint mir die Aussage „untertan machen" als Aufforderung gemeint zu sein, die Erde tatsächlich mit Gewalt zu unterdrücken. Die Erde wird benutzt für das Erleben des Übels ohne Rücksicht auf die Auswirkungen. Andererseits verstehen viele Menschen mit „untertan machen", dass die Welt in ihrer Gesamtheit und ihrer Unversehrtheit bewahrt bleiben soll. Es darf nichts geschehen, was dem Leben schadet oder die Welt verschlechtert. Dies ist jedoch mit der weltlichen Realität seit es Menschen gibt, nicht vereinbar. Leben und Natur werden schließlich geschädigt.

Papst Franziskus hat bereits 2015 eine Umweltenzyklika geschrieben und in einem öffentlichen Auftritt erklärte: *„Unser gemeinsames Haus wird ruiniert und das schadet allen, vor allen den Ärmsten. Ich appelliere daher an die Verantwortung, die Gott dem Menschen in der Schöpfung gegeben hat, den Garten, in den er ihn gestellt hat, zu bebauen und zu pflegen".*

Die Aussage kann nicht so gemeint sein, dass mit dem Begriff „untertan machen" etwas Gutes getan werden soll. Gutes zu tun, erfordert sein Gegenteil, das Übel. Ohne Übel kann auch nichts Gutes getan werden. Wenn es also in wenigen Jahrzehnten zu einer menschengemachten Apokalypse kommt, dann ist das der Weg, der gegangen werden muss. Niemand kann daran etwas ändern. Die üblen Charaktereigenschaften der Verursacher müssen sich zum weltlichen Erleben bringen. So wenig wie ich das Verhalten eines Mörders mit der Aussage, du sollst nicht töten, ändern kann, so wenig wird man das Verhalten der o.g. Verursacher ändern können. Sie werden ihr Verhalten selbst ändern, wenn ihre entsprechenden Charaktereigenschaften sich erlebt und aufgelöst haben. Der Grund der Schöpfung liegt gerade darin, dass durch das sich weltlich erlebende Übel Materie und Leben zerstört werden. Die Mehrheit der Menschen und der anderen Lebewesen ist dazu bestimmt, den schlechten Charaktereigenschaften ihr Erleben zu ermöglichen. Die schlechten Charaktereigenschaften der Verursacher der weltlichen Krisen brauchen die Mehrheit der anderen Menschen, um sich ausleben zu können.

Gott hat dazu alles weltliche Sein im Dualismus geschaffen, nur das ergibt für mich Sinn.

Fazit

Die Aussagen der zitierten Autoren haben eines gemeinsam: sie reden *über* etwas. Sie beziehen sich auf das bei anderen Menschen vorliegende Verhalten. Sie empfehlen anderen Menschen, was sie tun sollen, um ein besseres Leben zu führen. Sie sprechen nicht von den Motiven, die in ihnen selbst vorliegen. Sie beziehen sich nicht auf die Motive für ihre Appelle. Wie soll ein Mensch die Aufrufe der o.g. Autoren annehmen können, wenn in seinem Geist schlechte Handlungen als Gedanken vorliegen? Wäre jemand in einer Lebenssituation, in der er schlechte Charaktereigenschaften auslebt, könnte er nicht erkennen, wie ihm die zitierten Aussagen helfen sollten. Menschen können gar nicht anders handeln, als so, wie es durch die Unbewusstheit bestimmt ist. Das ist der Grund, weshalb Menschen und das weltliche Sein vom Schöpfer geschaffen worden sind.

Die Aufrufe der genannten Autoren, die allesamt gut gemeint sind und die den Menschen helfen und die Verschlechterung der Lebensbedingungen aufhalten sollen, erreichen die Verursacher nicht. Ähnlich wie bei einem Raucher oder Alkoholiker, der seinen Körper lebensbedrohlich schädigt, sind Mahnungen von nahestehenden Menschen oder Ärzten wirkungslos, solange die schlechte Charaktereigenschaft sich nicht ausreichend erlebt und abgeschwächt hat. Der Raucher oder der Alkoholiker nimmt keine Rücksicht darauf, dass sein Körper sehr krank werden oder sterben könnte, denn darum geht es nicht. Es ist nicht wichtig, was mit dem eigenen Körper, mit anderen Lebewesen oder mit der Umwelt geschieht. Es zählt nur das Erleben des Übels. Menschliche Körper und andere Lebewesen können schließlich von der Unbewusstheit immer wieder erschaffen werden, dazu ist genügend weltliches „Material" vorhanden. Deshalb sind die üblen Handlungen der schlechten Charaktereigenschaften und ihre Konsequenzen nicht aufzuhalten solange sie sich nicht ausreichend erlebt haben. Zudem können sie sich nicht alle gleichzeitig ausleben. Es gibt zu viele, zu starke und zu unterschiedliche Charaktereigenschaften. Diese werden in ihrem Ausleben alles Leben inkl. das der Menschen dezimieren und die Lebensbedingungen einschränken. Nachdem dies geschehen ist, müssen sich die Lebensbedingungen erst wieder verbessern bevor sich die Lebewesen erneut weiterentwickeln und vervielfältigen können. Schließlich sind die menschlichen Körper und Gehirne noch nicht ausreichend entwickelt, um die letzten vorhandenen Motive zum Erleben bringen zu können. Die Aussagen der vorgenannten Autoren können denjenigen Menschen helfen, die sich an der Schwelle zur Bewusstheit befinden. Es sind solche Menschen, die ihr Lebensschicksal als Teil ihrer Unbewusstheit schon weitgehend abgeschwächt oder aufgelöst haben. Von ihnen kann es einige geben, denen die Appelle der Autoren helfen, ihr Unbewusstsein weiter zu verringern, indem sie ihre Gedanken betrachten und bewerten können. Die Aussagen und Aufrufe der zitierten Autoren können von denjenigen Menschen aufgenommen werden, die bereits danach suchen. Die Autoren wiederum brauchen diese anderen Menschen, um ihre eigenen Aufgaben erfüllen zu können. Ihre Aufgaben bestehen im Verfassen der genannten Mahnungen und Vor-schläge, jedoch kommen diese auch aus der Unbewusstheit. Welt-weit gesehen darf ich aufgrund von Nachrichten und eigenen Er-fahrungen aber annehmen, dass die meisten Menschen noch weit davon entfernt sind, ihre Unbewusstheit abgelebt oder stark abge-schwächt zu haben. Diesen Menschen kann man mit gutgemein-ten Appellen weder helfen noch kann man ihre Situation ändern. Sie werden sich auch nicht angesprochen fühlen. Die Aufforderun-gen der zitierten Autoren werden in nachfolgend genannten Situa-tionen veranschaulicht. Ein Mensch (Körper und Geist) geht sei-nen Weg, der darin besteht, z.B. Macht auszuüben. Er kommt nun an eine Abzweigung, an der er aufgefordert wird: „Nimm diesen anderen Weg, der ist der bessere". Wie wird ihm dieser Aufruf vor-kommen? Er wird glauben, dass da einer steht, der ihn von seinem Weg abbringen will. „Das werde ich nicht zulassen", denkt er sich möglicherweise. Dieser Appell könnte ihn also eher noch darin be-stätigen, dass sein Weg der richtige ist. Kommt nun ein anderer Mensch mit Machtstreben an die Abzweigung, kann er auf den Aufruf anders reagieren, wenn diese Charaktereigenschaft sich stark abgeschwächt hat. Er kann die Abzweigung nehmen, denn die ist dann sein neuer Weg. Darin kann eine neue Charakterei-genschaft enthalten sein, die jetzt erlebt werden muss.

Jemanden, der unter großer Anspannung steht, kann man nicht einfach empfehlen: „Entspann dich" und glauben, seine Ange-spanntheit wäre damit beendet. Für die Angespanntheit, die ein Mensch empfindet, gibt es einen Grund und wichtig ist, dass der Grund nicht außerhalb von ihm, sondern in ihm liegt. Das im

Äußeren Liegende, das die Anspannung vordergründig erzeugt, ist lediglich der Anlass, diesen Zustand in diesem menschlichen Geist zu aktivieren und auszuleben. Damit sind die Appelle und Empfehlungen der zitierten Autoren schlüssig. Auch diese kommen aus der Unbewusstheit und es geschieht eben nichts ohne Grund.

Zur Klarstellung: ich kritisiere weder die Autoren noch ihre Aussagen. Dies gehört zu deren Aufgaben und ist Teil ihres, aus der Unbewusstheit generierten Lebensauftrages.

Bei mir selbst wird es sich wohl ähnlich verhalten. Ebenso wie manche Autoren, sehe ich meine Aufgabe eben darin, meine Erkenntnisse und Schlussfolgerungen öffentlich zu machen. Auch dies muss aus der Unbewusstheit heraus über meinen menschlichen Geist ins weltliche Sein gebracht und erlebt werden.

Kapitel 5

Zusammenfassung und Schlussbetrachtung

Die Menschheit und alles Leben auf unserem Planeten steuern immer mehr und scheinbar unausweichlich auf eine menschlich verursachte Katastrophe zu. Die meisten Wissenschaftler warnen bereits seit Jahrzehnten vor den dramatischen Folgen des menschlichen Einwirkens auf die Umwelt. Und dennoch konnte bisher keine Mäßigung oder gar Umkehr des Verhaltens der Verursacher erreicht werden. Immer mehr Menschen versuchen eine Wende herbeizuführen, um auch zukünftig noch lebenswerte Bedingungen vorzufinden. Weltweit steigen die Proteste junger Menschen gegen die Umweltzerstörung, was medial viel Beachtung findet. Doch der Grund ihrer Proteste, nämlich die Umweltzerstörung, ist in den Medien wesentlich schwächer repräsentiert. Viele kritisieren das Verhalten dieser jungen Menschen und es wird behauptet, das Problem des Klimawandels sei nicht so gravierend. Es wird darauf hingewiesen, dass Deutschland nur zu ca. 2% an der weltweiten CO_2 Belastung beteiligt ist. Die Völker und Staaten, die maßgeblich die Umwelt zerstören, sind in ihrer Unbewusstheit so stark gefangen, dass sie die Auswirkungen ihres Handelns nicht erkennen können. Sie sind deshalb resistent gegenüber diesbezüglicher Kritik. Es gibt einerseits Menschen, die katastrophale Bedingungen für ihr zukünftiges Leben befürchten, andererseits bestreiten viele Menschen dies jedoch oder sie erkennen es nicht. In meinem Leben habe ich Handlungen ausführen müssen, die mich selbst und

andere Menschen belastet haben. Doch daraus habe ich viele Erkenntnisse gewonnen, die mir geholfen haben, zu verstehen, warum unser menschliches Verhalten so unveränderbar ist. Ich habe
viele kirchliche und biblische Aussagen sowie die Anschauungen
von Philosophen und Wissenschaftlern ausgewertet und sie wei-
testgehend hinterfragt.

Um ein Verständnis für meine Theorien aufzubauen, habe ich zu
Beginn meiner Erläuterungen den menschlichen Körper und seinen Geist beschrieben. Ich habe erkannt, dass der Körper zwar
ein eigenständiges, sich selbst regelndes System ist, dass er jedoch etwas benötigt, das ihn lebendig macht und ihn bewegt. Der
menschliche Geist ist eine, mit dem jeweiligen menschlichen Körper verbundene weltliche geistige Ebene. Die aus dem Unbewussten gesendeten Informationen werden vom menschlichen Geist
spontan in körperliche Handlungen seines Körpers umgesetzt.
Die Frage, ob der Mensch frei ist in seinen Entscheidungen, muss
ich mit nein beantworten. Der Mensch ist nicht der ursprüngliche
Veranlasser der eigenen körperlichen Handlungen und Verhaltensweisen. Die Initiative kommt aus der Unbewusstheit. Diese
sendet Informationen aus ihren Charaktereigenschaften ins
menschliche Gehirn, die vom menschlichen Geist als Gedanken
interpretiert werden. Der menschliche Geist setzt diese Gedanken
in körperliche Taten um. Unbewusstheit definiere ich als die
Summe der schlechten Charaktereigenschaften des Übels und der
Charaktereigenschaft der Liebe. Die Liebe ist die Charaktereigenschaft, die dem Übel sein Erleben ermöglicht, erlaubt und es erduldet.

Weiterhin führe ich aus, dass unsere Welt und das Leben selbst nicht durch Zufall entstanden sein können. Zufall charakterisiert lediglich die Unwissenheit des menschlichen Geistes, der alle Bedingungen, die zu Ereignissen führen, nicht erfassen kann. Es muss daher einen schöpferischen Akt eines, wie auch immer genannten Schöpfers gegeben haben, der die vorübergehenden Existenzen erschaffen hat. Aufgrund des in Gott selbst vorhandenen Übels wurde die Welt und das Leben erschaffen. Es gibt keinen anderen Grund für ihre Existenz. Es ist jedoch ein vorübergehendes Sein, das sich nach dem Erleben allen Übels in dieser Welt auflöst. Nach dem Ableben des Übels wird sich auch die Schöpfung auflösen, da der Grund für ihre Existenz hinfällig geworden ist. Es ist für mich schlüssig, dass alles Leben und alles materielle Sein ihrer Auflösung zustreben. Vergänglichkeit und Auflösung erkenne ich in jedem Augenblick, in dem ich das Erleben meines eigenen Daseins beobachte. So wie jede Sekunde, jede Minute und Stunde vergehen und das, was ich während dieser Zeit erlebt habe, nie mehr wiederholbar ist, so geschieht es auch mit allem Sein. Ich habe erkannt, dass eine Schöpfung nur in einer dualen Existenz gebildet werden kann. Jedes Sein trägt auch sein Gegenteil in sich. Alles Existierende ist damit der Vergänglichkeit unterworfen. In naher Zukunft wird die Menschheit sich zwar reduzieren, aber nicht untergehen. Im Übel ist immer noch ein großes Potenzial schlechter Charaktereigenschaften vorhanden, die sich erleben müssen. Darum wird sich die geschwächte Natur und die geschädigte Umwelt wieder erholen und die Anzahl der Lebewesen wird wieder zunehmen. Es wird gewissermaßen zu einem

Neuanfang kommen. Schließlich habe ich die Erkenntnis gewonnen, dass die Welt und das menschliche Leben nur einem dienen, nämlich dem Übel das Ausleben seiner schlechten Charaktereigenschaften zu ermöglichen. Das ist die Bestimmung und der Sinn unseres Lebens und das kann nicht geändert werden. Die weltliche und menschliche Existenz ist lediglich vorübergehend. Der Mensch ist kein eigenständiges unabhängiges Wesen, sondern geschaffener Teil des göttlichen Seins. Bis zur Auflösung des Lebens und der Welt, sind die Liebe und das Übel untrennbar miteinander verbunden.

Nach deren Auflösung ist der Schöpfer vollkommen.

Ich hoffe, dass der Inhalt meines Buches dem Leser zu Erkenntnissen verhilft, die sein Leben verständlicher machen und die er mit seinen eigenen Lebenserfahrungen nachvollziehen kann. Damit schließe ich mit einem Zitat von Mark Twain:

„Ich möchte mich, was Himmel und Hölle betrifft, nicht festlegen: Habe ich doch da wie dort gute Freunde".

Ihr

Werner Loos

Literaturnachweise

Wenhua Yu, Monash University, Melbourne, Australien

WWF Deutschland

Nachhaltigkeitsbericht 2022 der Vereinten Nationen

Animal Society e.V.

Aus dem Abschlussdokument Synode 2021-2023

Tagung der 12. Synode der EKD, 8. und 9. November 2020

Klimabibel der EKD Deutschland

WHO

Religionsmonitor 2023 der Bertelsmann-Stiftung

Bertelsmann-Stiftung, Befragung aus dem Jahre 2007

Arte.de wie endet alles? Vom 24.3.2023

Bibelzitate

vergl. Joh. 1,9-11EU; Joh. 8,44 EU, Röm. 5, 12-17 EU,

vergl. K.v.Trient: DS 1512 und 1514

Koran: Gen 3, 1.24EU, 7, 19-25; 2, 35-39; 20. 117-124

Quelle: allaboutjesuschrist.org/german

Quelle: Wikipedia